Mosaik
bei GOLDMANN

Buch

In diesem Buch werden die wichtigsten Fragen beantwortet, die sich Eltern nach der Geburt eines Kindes stellen. Katharina Zimmer geht einfühlsam und anschaulich auf die möglichen Probleme ein. Sie nimmt den Eltern die Verunsicherung, indem sie die natürlichen Fähigkeiten des Kindes betont. Im Vertrauen auf diese Kompetenzen erledigen sich Schwierigkeiten manchmal von allein.

Das Buch fördert ein tieferes Verständnis nicht nur für die Kinder, sondern auch für die Eltern. Es gibt klare Antworten auf klare Fragen.

Autorin

Die Psychologin Katharina Zimmer ist langjährige Mitarbeiterin der ZEIT und lebt als freie Autorin in Frankreich. 1990 wurde ihr Gesamtwerk mit dem Wissenschaftspreis für Publizistik der Deutschen Gesellschaft für Psychologie ausgezeichnet.

Von der Autorin sind bei Goldmann
außerdem erschienen:

KATHARINA ZIMMER

Wenn Eltern laufen lernen

Wie Sie besser auf Ihr Baby und Kleinkind eingehen

Mit Illustrationen
von Detlef Kersten

Mosaik
bei GOLDMANN

Umwelthinweis:
Alle bedruckten Materialien dieses Taschenbuches
sind chlorfrei und umweltschonend.

Der Goldmann Verlag
ist ein Unternehmen der Verlagsgruppe Bertelsmann

Originalausgabe September 1998
© 1998 Wilhelm Goldmann Verlag, München
Umschlaggestaltung: Design Team München
unter Verwendung folgender Fotos:
Umschlag: Premium Images
Umschlaginnenseiten: Tony Stone Bilderwelten, Peter Correz
Redaktion: Henriette Zeltner
Satz: Uhl + Massopust, Aalen
Druck: Elsnerdruck, Berlin
Verlagsnummer: 16159
Kö · Herstellung: Sebastian Strohmaier
Made in Germany
ISBN 3-442-16159-2

1 3 5 7 9 10 8 6 4 2

Inhalt

Ein Wort vorab an die Eltern

Laufen, müssen wir das lernen? Ein Kind erwirbt die Fähigkeit zu laufen, weil es in ihm eine natürliche Kraft gibt, die es dazu antreibt. Es muß diese Kompetenz nicht »lernen« wie Rechnen oder Schreiben oder auch Schwimmen. Die Natur hat ihm ein genetisches Programm mitgegeben, das es vom ersten Lebenstag an motiviert, den Kampf mit der Schwerkraft aufzunehmen. Zuerst hebt es den Kopf, später setzt es sich auf, krabbelt, zieht sich an Möbeln hoch, bis es steht. Und schließlich eines Tages, macht es seine ersten Schritte, zunächst an der Hand der Eltern und dann freihändig. Wir müssen ihm dabei gar nichts beibringen, wie wir ihm auch das Sauberwerden nicht beibringen müssen. Wenn es das jeweils erforderliche Reifestadium erreicht hat, nimmt es die nächste Herausforderung ganz von allein in Angriff. Jedoch braucht es für alle diese von der Natur in ihm angelegten Fähigkeiten ein ihm gemäßes Umfeld, das ihm Liebe, geistige und motorische Anregung, Ermutigung und Anerkennung gibt.

Manche Kinder haben nicht die Chance, in einem solchen Umfeld aufzuwachsen. Ihre Entwicklungsdefizite und -verzögerungen sind oft dramatisch. Sie »lernen« dann nicht nur die allerselbstverständlichsten Dinge nicht, wie die Beherrschung ihres Körpers, der Sprache und den Umgang mit Gefühlen. Sie bleiben häufig auch zu klein und schmächtig. Sie haben kein Selbstvertrauen und kein Vertrauen in andere.

Was hier über die Kinder gesagt wird, trifft im Prinzip auch für die Eltern zu. Denn sie haben mütterliche und väterliche »Kompetenzen«, die sie, wie ihre Kinder das Laufen, nicht wirklich lernen müssen.

Das Beispiel der Kinder zeigt, daß jedoch alles, was in uns angelegt ist, ein bestimmtes »menschliches« Umfeld braucht, um sich entfalten zu können. Ein Umfeld, das sich nicht zu weit von dem weg entwickelt hat, was unsere Evolutionsgeschichte jahrtausendelang bereitstellte.

Auch Eltern haben also von der Natur in ihnen angelegte Fähigkeiten. Es ist ein genetisches Programm, das sich in dem Moment, da ihnen ein Kind geboren wird, von ganz allein entfaltet. Mütter wußten immer, sogar wenn sie mit ihren Familien unter primitivsten und härtesten Bedingungen in der wilden Natur lebten, wie man dafür sorgt, ein Kind nicht nur am Leben zu erhalten, sondern ihm gemeinsam mit den Vätern und den anderen Stammesmitgliedern auch die notwendige Einführung in ein geregeltes soziales Zusammenleben zu geben. Sie hatten Vertrauen in ihre Kompetenzen als Eltern.

Dieses Selbstvertrauen in der Erziehung scheint Eltern

heute weitgehend abhanden gekommen zu sein und mit ihm auch ihre intuitiven, angeborenen Fähigkeiten.

Das ist nicht ihre Schuld. Denn oft ist sogar ihre Unsicherheit um so größer, je mehr sie sich um eine perfekte Erziehung ihres Kindes bemühen. Diese Eltern scheinen in der Tat das Laufen verlernt zu haben. Das heißt, ihnen ist offenbar etwas fast Unerklärliches abhanden gekommen. Dies besteht darin, im richtigen Moment das Notwendige zu tun, so als käme es ihnen zugeflogen. Intuition nennen wir das.

Man hat häufig von einer kinderfeindlichen Umwelt gesprochen. Damit sind ganz verschiedene Dinge gemeint: nicht genügend Spaß und Anregung bietende Spielplätze, nicht genug Natur für unsere Kinder, Mangel an all den konkreten Erfahrungen, die für eine glückliche und gesunde Entwicklung notwendig sind, Gefahren durch Straßenverkehr, Verbrechen, Vernachlässigung, nervöse, verständnislose Erwachsene, die nie Zeit haben. Die Liste läßt sich beliebig fortsetzen.

Was den Kindern schadet, schadet auch den Eltern. Es ist nicht einfach ihre Schuld, wenn sie oft im Umgang mit ihren Kindern hilflos sind. Wenn ihre angeborene Intuition versagt, wenn ihnen ihre uralten Kompetenzen abhanden kommen. Auch ihnen fehlen wesentliche Dinge, um eine befriedigende Beziehung zu ihren Kindern aufzubauen und zu erhalten. Denken wir an all die Mütter, die mit ihrem Kind oder ihren Kindern allein gelassen sind. Oft schon während der Schwangerschaft. Sie leben mit materiellen, sozialen und psychischen Belastungen, die sie allein gar nicht tragen können. Oder die Eltern, denen in schwierigen Situationen weder Familie noch Freunde noch irgendwelche Institutionen beistehen. Oder einfach die, die in ständiger Angst um die pure Existenz, um den Beruf, das Einkommen kämpfen müssen. Und die jungen Eltern, die selber nie ein postives, Geborgenheit vermittelndes Elternhaus hatten. Und einfach die »Durchschnitts-Eltern« – wenn es die überhaupt gibt –, denen es zwar rundum ganz gut geht, die aber einfach nie Zeit haben, die Tausenden von außen kommenden Zwängen gehorchen müssen. Sie können nicht anders, als auch ihre Kinder diesen Zwängen zu unterwerfen.

Da leidet die Eltern-Kind-Beziehung. Manchmal kann sich unter diesen negativen Bedingungen kaum eine »sichere Bindung« (eine Lebensqualität, auf die ich im Verlauf dieses Buches noch häufiger zurückkommen werde) entwickeln.

Es geht mir darum, Eltern zu zeigen, daß sie nicht Schuld sind, wenn »etwas nicht klappt«, daß sie ihre elterlichen Fähigkeiten nicht verloren haben, sondern nur wiederfinden müssen. Ich möchte mit diesen Fragen zur Erziehung, die alle Eltern irgendwann einmal bewegen, mit ganz praktischen Antworten Müttern und Vätern helfen, ihr Selbstvertrauen wiederzufinden, wieder »laufen zu lernen«. Sie müssen nicht an sich und ihrem Kind verzweifeln,

wenn es ein »Schreibaby« ist,

wenn es soviel schwieriger als das ältere Geschwisterkind scheint, wenn es zum hundertsten Mal abends aus seinem Bett klettert,

wenn es unverständliche Wutanfälle bekommt,

wenn es nur Dummheiten macht,

wenn es furchtbar und auf hartnäckigste Weise trödelt,

wenn es von Nacht- und Tagängsten geplagt wird

und wenn die Eltern in Ehe- oder Partnerschaftskrisen geraten,

wenn Eltern Angst haben, wegen ihrer Berufstätigkeit nicht genug für ihre Kinder da zu sein,

wenn sie sie lieben, aber nicht verwöhnen wollen oder

wenn sie selber einmal außer Kontrolle geraten.

Ich habe bewußt verzichtet auf all die hygienischen Fragen um Ernährung und Sauberkeit usw., weil Eltern Antworten darauf in jedem Babynahrungsbegleitheft und unzähligen anderen Schriften beim Kinderarzt und in Elternmagazinen finden.

Mit Bedacht habe ich dagegen Fragen ausgewählt, die mir für die Gesamtentwicklung eines Kindes und die *praktisch gelebte* Beziehung zwischen Eltern sowie auch Großeltern und den jüngsten Familienmitgliedern besonders wichtig erscheinen.

»Erkennt uns unser Baby?«

Neugeborene haben viele Antennen, um ihre Mutter zu erkennen, eine zum Beispiel für ihre Stimme. Schon im Mutterleib haben sie sie sprechen und vielleicht auch singen gehört. Ein Fötus kann schon einige Wochen vor der Geburt Stimmen unterscheiden. Die der Mutter ist ihm am vertrautesten, denn sie gelangt sowohl von außen als auch über das Körperinnere zu ihm.

Um herauszubekommen, ob das eben geborene Baby wirklich die Stimme der Mutter von anderen unterscheidet, »befragten« Forscher Neugeborene mit einem Saugertest. Die Babys bekamen dabei mit einem Tonbandgerät verschiedene Stimmen vorgespielt, die Geschichten vorlasen. Über einen Schnuller, der mit dem Gerät verbunden war, konnten die Babys mit ihrem Saugrhythmus signalisieren, wenn sie eine Geschichte besonders mochten. Sie konnten sie einschalten. Es zeigte sich, daß die Babys die von der Mutter vorgelesene Geschichte am häufigsten auswählten. Mamas Stimme faszinierte sie.

Das Neugeborene erkennt die Mutter jedoch nicht nur daran, sondern mit allen seinen Sinnen. Die Augen sehen zwar noch nicht sehr deutlich. Das Baby nimmt jedoch die Umrisse des ihm voll zugewandten Gesichts wahr. Und da das Sehen sich sofort nach dem Eintritt in die Welt des Lichts innerhalb der ersten Stunden und Tage ganz rapide entwickelt, kann ein Baby schon bald auch Mund, Augen und Mimik erkennen. Es reagiert darauf: mit Zufriedenheit, wenn die Mutter ihm das Gesicht voll zuwendet, es dabei bewegt, den Mund lächelnd öffnet und die Augenbrauen hochzieht; mit Beunruhigung und Weinen hingegen, wenn sie starr und unbeteiligt bleibt oder ihm gar nur ihr Profil zeigt. Wie gut wenige Tage alte Kinder all dies schon unterscheiden können, zeigt sich daran, daß sie mit ihrer eigenen Mimik sogar schon versuchen, die Mutter oder den Vater zu imitieren – zum Beispiel, wenn sie die Zunge rausstrecken. Das gelingt oft noch nicht so gut. Darum bemerken es Eltern manchmal gar nicht.

Ein Baby erkennt die Mutter auch daran, wie sie sich anfühlt. Sein Tastsinn ist neben dem Gleichgewichtssinn einer der ersten, die sich schon wenige Wochen nach der Zeugung im Mutterleib entwickeln. In diesem engen Raum, in dem es neun Monate mit der Mutter zusammenlebt, macht es tausend Fühlerfahrungen mit ihrem Körper. Darum erkennt es sie auch an ihren Bewegungen, und nicht zuletzt daran, wie sie riecht. Denn es ist ebenfalls schon lange vor der Geburt, im Fruchtwasser schwimmend, das es auch schmeckt, mit ihrem Geruch vertraut geworden. Viele Tests haben gezeigt, daß Neugeborene sofort den Kopf zu einem mit der Milch ihrer Mutter getränkten Läppchen hinwenden. Wenige Augenblicke nach der Geburt suchen sie auch bereits die Brustwarze.

Und nicht zuletzt erkennt das Baby seine Mutter an ihrem Herzschlag. Wenn es auf ihrem Bauch oder dicht an ihrem Körper liegt, beruhigt es sich leicht, weil alle seine Sinne ihm im Verbund mitteilen: Das hier ist meine Mama. Hier bin ich in Sicherheit.

Auf ähnliche Weise, nur mit einer kleinen zeitlichen Verzögerung, erkennt das Baby den Vater. Auf seine tiefere Stimme reagiert es im Mutterleib nicht so gut wie auf hohe Frauenstimmen. Zudem hat es den Vater nur »von draußen« gehört. Wie bei der Mutter setzt ein Neugeborenes alle seine Sinne ein, um den Vater kennenzulernen. Und das geht sehr schnell – in Minuten, Stunden nach der Geburt.

»Warum bindet sich ein Kind
an Mutter und Vater,
und wann entsteht diese Bindung?«

Ein Baby bindet sich (zunächst) an seine Mutter, weil dies von der Natur so vorgesehen ist. Nicht, weil die Mutter oder eine andere Bezugsperson sich bewußt irgendwie verhält. Sich an eine, zwei oder maximal drei mütterliche Personen zu binden, ist also ein biologisch verwurzeltes Programm. Es ist in unsere Entwicklungsgeschichte eingebettet.

Um sich ganz und gar entfalten zu können, braucht es trotzdem einen angemessenen Rahmen, so wie jede biologisch zum Wachsen programmierte Pflanze den richtigen Boden und Wasser braucht. Bindung als natürliches, jedem Menschen angeborenes Verhalten hat heute noch den gleichen Sinn wie vor Tausenden von Jahren. Denn das neugeborene Menschenkind braucht, um überleben zu können, den Schutz, die Fürsorge und die Nahrung der Mutter. Es kommt aus dem Uterus in den »Mutterleib« Familie. Es ist noch aufs engste körperlich mit seiner Mutter verbunden.

Diese Bindung entsteht gleich nach der Geburt. Und zwar ist das Kind daran ebenso aktiv beteiligt wie die

Mutter. Es sorgt mit seinem gesamten Verhalten von dem Moment an, in dem es auf der Welt ist, dafür, daß diese Bindung zustande kommt. Seine ganze Babyzeit hindurch – und natürlich auch später – hat es tausend Fähigkeiten, um diese auch zu erhalten. Immer wieder erinnert es die Mama durch seine Blicke, durch seine Körperspra-

che, durch sein Weinen, durch sein Anklammern daran, daß sie es auf keinen Fall allein lassen soll. Oft würden sich Mütter ohne diese Signale sicher weiter von ihrem Baby entfernen und es auch eine Zeitlang allein lassen. So jedoch holt es sie immer rechtzeitig zurück, damit sein Leben nicht in Gefahr gerät.

Es bringt die Mutter auch zu all den kleinen und großen fürsorglichen Handlungen, wie Füttern, Baden, Nachsehen, ob es zu warm, zu kalt, ob es naß ist oder Nähe braucht. Dazu verfügen das Baby und sogar schon das Neugeborene über eine Reihe von ganz unwiderstehlichen positiven Mitteln, als erstes über den Blick. Nur Menschenkinder und -mütter nehmen gleich nach der Geburt Blickkontakt auf. Mit seinem Geruch, mit der Zartheit und Weichheit seiner Haut, mit seiner Gesichtsform ruft das Baby sofort Aufmerksamkeit und fürsorgliches Verhalten hervor. Wissenschaftler nennen dies das »Kindchenschema«. Es versetzt – mit großen Augen, einer hohen Stirn und rundlichen Gesichts- und Körperformen – alle Erwachsenen und besonders Frauen in Entzücken. Männer reagieren darauf meist nur dann besonders positiv, wenn es sich um ihr eigenes Kind handelt.

Ein Menschenkind zeigt ebenso wie Tierkinder der höher entwickelten Arten seine Bindung vor allem in vier charakteristischen Verhaltensweisen: Anklammern, Weinen und später Rufen, Nachfolgen und Protestieren, wenn es verlassen wird. Das bedeutet zum Beispiel, daß es häufig protestiert und weint, wenn die Mutter es abends in sein Bettchen legt – ganz allein in seinem Zimmer –, das Licht löscht und die Tür zumacht. Denken wir also vielleicht ein bißchen öfter daran, daß sein Protest in ein gesamtes, Schutz und Fürsorge suchendes Verhalten eingebettet ist und daß dieses Verhalten für das Baby lebenswichtig ist. Wir können froh sein, daß die Natur es damit ausgestattet hat – und uns Erwachsene mit den notwendigen Antennen dafür. Wenn wir das wissen, machen wir uns weniger »verrückt«, wenn ein wenige Wochen oder Monate altes Baby oder ein Kleinkind beim Schlafengehen oder anderen Gelegenheiten weint. Es zeigt damit, daß es noch einmal fühlen möchte, wie stark, wie bedingungslos es sich auf die Bindung zur Mutter/zum Vater verlassen kann.

Das Wichtigste, was Eltern ihrem Kind bei dieser frühen Bindung geben, ist das Gefühl, sicher und geborgen zu sein.

»Woran können wir erkennen,
wie unser neugeborenes oder wenige
Wochen altes Baby ›drauf‹ ist?«

Eltern sind von der Natur mit einer besonderen Intuition und Feinfühligkeit für ihr Baby ausgestattet. Sie können ihre feinen unbewußten Antennen allerdings nur dann gut nutzen, wenn sie genügend Selbstvertrauen haben, nicht zuviel auf die Meinungen und Ratschläge anderer hören und sich ihrem Kind nicht zu sehr vom Intellekt, »vom Kopf« her nähern. Ihr Gefühl befähigt sie, viel schneller und angemessener auf ein Baby zu reagieren, als eine »überlegte« Entscheidung es könnte.

Die meisten Mütter merken zum Beispiel ganz genau, wann ihr Baby munter oder müde ist. Nicht nur, weil es dann entweder freundlicher oder quengeliger ist. Oft schauen sie sich zum Beispiel die *Händchen* an. Am Tonus und der Haltung sehen und fühlen sie, in welchem Zustand es gerade ist.

Mit *fest geschlossenen* Fäustchen zeigt schon ein Neugeborenes seine angespannte *Aufmerksamkeit* (beispielsweise in einer neuen, unbekannten Situation wie dem ersten Bad). Wenn seine Hände sich dann *öffnen*, signalisiert es Entspannung und Aufnahmebereitschaft.

Die Mutter erfährt noch mehr, wenn sie spielerisch die Händchen des Babys nimmt und selber versucht, die Fäustchen zu öffnen oder die weichen Finger zu bewegen.

Ein *schlaffer Muskeltonus* deutet an, daß das Kind müde ist.

Wenn es dagegen *fest zugreift* und *aktiv* auf das Fingerspiel eingeht, weiß die Mutter, daß sie jetzt einen günstigen Moment erwischt hat, um mit ihrem Kind Zwiesprache zu halten und zu spielen.

Auch der *Mund* des Babys gibt Auskünfte: Dem Münchner Psychobiologen Hanus Papousek war in sogenannten Mikroanalysen aufgefallen, daß Eltern sehr häufig die Region um die Lippen ihres Kindes berühren, wenn sie nicht genau wissen, wie sie seine Befindlichkeit einschätzen sollen. Sie ertasten zart den Mund und versuchen, ihn durch leichten Druck auf das Kinn zu öffnen.

Bei einem *schlafenden Baby* geht das wie von selber, *widerstandslos*.

Ein *hungriges* Kind macht als Antwort *Saug- und Suchbewegungen*.

Ein *satter* Säugling dagegen *schließt* nun ostentativ *den Mund*, blickt die Mutter aufmerksam an und *bekundet sein Interesse* sofort mit seiner Mimik, Körpersprache und mit Lauten.

Außerdem verweigert ein Kind die Nahrung, indem es die *Zunge herausstreckt*, als wollte es sagen: »Da soll nichts mehr rein, laß mich in Ruhe!«

Der Verhaltensforscher Desmond Morris meint, so sei unsere Gewohnheit, bei einer schwierigen Arbeit oder konzentriertem Spiel die Zunge herauszustrecken, entstanden. Wir wollen damit zeigen, daß wir nicht gestört werden möchten.

Ein sattes Kind dreht auch den Kopf von der Brust oder Flasche weg. Wenn wir weiter versuchen, es zu füttern, dann dreht es ihn auf die andere Seite – eine gestische Sprache, die »Nein, nein!« bedeutet.

Eltern müssen das alles nicht erst lernen. Sie tun das wie die meisten Interaktionen mit ihrem wenige Tage oder Wochen alten Baby *unbewußt*. Und es ist auch besser so, denn wenn sie allzuviel darüber nachdächten, um immer bewußt die Signale aufzunehmen und zu handeln, kämen sie mit ihrer Zeit nicht nach. Ein ziemliches Durcheinander wäre die Folge. Die meisten richtigen Reaktionen erfolgen nämlich in Bruchteilen von Sekunden.

»Warum ist Geborgenheit
für Baby und Kleinkind so wichtig?«

Bei all ihren Forschungsarbeiten haben Wissenschaftler –
Psychologen, Anthropologen und Verhaltensforscher –
herausgefunden, daß diese Qualität in der Eltern-Kind-
Beziehung von Anfang an ausschlaggebend ist. Ja, es hat
sich sogar gezeigt, daß das Gefühl der Sicherheit, das wir
einem Kind mitgeben, sein ganzes späteres Leben günstig
beeinflußt. Sicherheit setzt sozusagen vor die weitere see-
lische, soziale und geistige Entwicklung ein Pluszeichen.
Unsicherheit der frühen Bindung wirkt sich dagegen eher
als negatives Vorzeichen aus, als Minus. Das heißt nicht,
daß diese Weichenstellung später unabänderbar ist. Vieles läßt sich noch positiv oder auch negativ beeinflussen.
Nichts jedoch erwies sich als so wichtig wie die in der Familie (oder auch mit einer anderen Bezugsperson) erlebte
Sicherheit der frühen Bindung.

Wir können uns leicht vorstellen, daß sich bei einem
Baby, das sich liebevoll geborgen weiß, andere *Gefühle* entwickeln als bei einem Kind, das sich ständig in
Unsicherheit fühlt, das nicht weiß, ob es sich total auf
seine Eltern verlassen kann. Wir haben aber sicher nicht

gleich daran gedacht, daß dies Erleben von Sicherheit auch für seine *körperliche Entwicklung* ausschlaggebend ist. Ein Kind, das »sicher gebunden« ist, fühlt sich ermutigt, alles mögliche auszuprobieren und zu wagen, es bekommt dabei von den Eltern – im Blick, im Verhalten, in Worten – genau die Förderung, die jeweils richtig ist. Es bewegt sich freier und nimmt seine Umgebung mit allen Sinnen besser wahr.

Damit wird also auch noch etwas Drittes positiv beeinflußt: *Die Fähigkeit des Kindes, die Welt zu erkunden und später selbständig und autonom zu werden.*

Sind wir da nicht schon beim Lernen? Natürlich wird ein Kind, das seine Umgebung neugierig erkundet und sich dabei von den Eltern von Anfang an unterstützt gefühlt hat, auch *besser lernen.* Es lernt aber auch besser, weil die Sicherheit der Bindung ihm gezeigt hat, daß es Menschen vertrauen kann. Und was mindestens genauso wichtig ist: Das Kind kann sich selber vertrauen, denn es hat ja erfahren, daß es fähig ist, bei seinen Eltern liebevolle Gefühle und Anerkennung hervorzurufen. Es hat Schutz und Trost bekommen, wenn es ihn brauchte. Es hat gleich in seinen allerersten Lebenstagen schon erfahren, daß es von den Eltern verstanden wird, daß sie zu wissen scheinen, wann es Hunger oder Durst hat, wann es Trost und Hilfe braucht.

Vertrauen und Selbstvertrauen entwickeln sich bei einem Baby und Kleinkind, wenn es in einer sicheren Bindung lebt. Vertrauen und Selbstvertrauen sind die Voraussetzung dafür, wie wir später mit anderen umgehen, für unser Sozialverhalten also. Nur in dem Vertrauen, daß Mama oder Papa immer oder fast immer in einer *vorhersehbaren* Weise auf ihre Signale – Weinen, Rufen, Gesten, Mimik und später auch Sprache – reagieren, können Babys und Kleinkinder begreifen, wie Menschen sozial und zuverlässig miteinander umgehen. Das Baby lernt also auf dieser einfachen Grundlage im ständigen, immer feiner abgestimmten Zusammenspiel mit seinen Eltern und später natürlich auch mit anderen, Menschen einzuschätzen. Es fängt an, zu verstehen, was sie meinen und die Bedeutung ihrer Mimik, ihrer Gesten und Worte zu erfassen.

Es kann sich darauf verlassen, daß Mama lächeln oder loben wird, wenn das Kind etwas »Nettes« tut oder wenn es eine schwierige Aufgabe – wie Klötzchen auftürmen – bewältigt. Ebenso weiß es, daß sie trösten wird, wenn es

sich weh tut, daß sie ihm helfen wird, wenn es nicht weiterkommt. Positive Erwartungen entwickeln sich.

Ein Kind ohne sichere Bindung, ohne früh erfahrenes Vertrauen und Selbstvertrauen kann das alles nicht so gut. Seine Erwartungen und Einschätzungen anderer Menschen sind unsicher. Darum gerät es im Kindergarten und in der Schule mit anderen aneinander, ist oft aggressiv – einfach weil es falsch versteht, was ein anderes Kind möchte, weil es mißtrauisch ist. So wird es bald von anderen abgelehnt, gerät an den Rand der Gruppe. Damit wird sein Dasein in der Schule für es selbst und für die anderen zur Qual. – Keine gute Voraussetzung zum Lernen.

Weil all dies so wichtig für ein ganzes Kinder- und Jugendlichenleben, ja überhaupt für das Leben eines Menschen ist, kann man sagen: *Die frühe Bindung ist die Basis unserer späteren Kompetenzen.* Der englische Entwicklungspsychologe John Bowlby prägte darum den Begriff »inneres Arbeitsmodell«. Wir können es auch »inneres Erwartungsmodell« nennen.

In unseren ersten Lebenstagen, -monaten und -jahren entwickeln wir, jeder auf seine Weise und je nach der erfahrenen Bindung an seine Eltern, ein inneres eigenes Modell, nach dem wir unser Leben lang handeln und uns verhalten. Das heißt, *was wir unserem Kind in der frühen Bindung an Sicherheit mitgeben, bleibt für sein ganzes Leben wichtig und prägend.*

»Wie können wir unserem Kind Geborgenheit geben?«

Grundsätzlich sind alle Eltern dazu von Natur aus befähigt. Sie brauchen dafür nichts zu lernen, kein Erziehungsbuch zu lesen und keinen Kursus zu besuchen. Denn ähnlich wie das Baby hat die Natur auch sie in weiser Voraussicht mit einem biologisch verwurzelten Programm ausgestattet. Es läßt sie »genau richtig« handeln, sie brauchen nur ihrer Intuition zu folgen. Einzige Voraussetzung ist: daß sie bereit sind, sich auf ihr Kind einzulassen. Man könnte auch einfacher sagen: bereit sind,

es zu lieben. *Je weniger sie in den ersten Lebensmonaten ihr Kind bewußt zu erziehen versuchen, desto besser machen sie es. Denn jedes Eingreifen in den von der Natur vorgesehenen Bindungsvorgang erzeugt eine Störung, nicht nur der Bindung, sondern der Gesamtentwicklung.*

»Was wird aus der Bindung, wenn die Eltern beide berufstätig sind und das Kind in eine Krippe oder zur Tagesmutter muß?«

Wichtig ist es, den Übergang zu der veränderten Lebenssituation fließend zu gestalten. Das Kind soll Vertrauen in seine neue Umgebung gewinnen und vor allem das Vertrauen in seine Eltern nicht verlieren. Es darf sich nicht abgeschoben, wie ein Paket abgegeben fühlen. Verlangen Sie nicht zu früh zuviel Selbständigkeit.

Beantworten Sie Bindungssignale Ihres Kindes positiv. Das heißt, wenn das Kind weint, sich an Sie klammert und hinter Ihnen herkrabbelt oder -läuft, bleiben Sie noch eine Weile an dem fremden Ort, bis es sich ein wenig heimisch gemacht hat. Trösten Sie es, und erklären Sie ihm, daß Sie bald wiederkommen – auch einem Baby.

Am Anfang empfiehlt es sich, das Kind nur kurz mit der fremden Betreuungsperson allein zu lassen. So stärken Sie beim Kind das Vertrauen, daß es sich darauf verlassen kann, daß Sie zurückkehren. Nach und nach wird es Interesse an den neuen Spielgefährten finden und sich seinen kleinen Beschäftigungen und Freundschaften zuwenden. Dies geschieht um so leichter, je mehr es sich zu Hause in den ersten Lebenswochen und -monaten geborgen gefühlt hat, je sicherer es sich der Zuverlässigkeit seiner Eltern war. Wenn Sie schon von Anfang an allzu ehrgeizig das Bestreben haben, das Kind selbständig werden zu lassen und es zu früh ans Alleinsein gewöhnen wollen, erreichen Sie genau das Gegenteil. Aus dem Baby wird ein ewiges »Klammerkind«.

Tauschen Sie Ihre Erfahrungen mit den neuen Bezugspersonen aus. So können Sie die Entwicklung Ihres Kindes besser verfolgen.

Seien Sie nicht eifersüchtig auf die »fremden« Betreuer. Sie bleiben für Ihr Kind die wichtigste Bindungsperson. Die Krippe, der Aufenthalt bei einer Tagesmutter einerseits und sein Zuhause andererseits sind für Ihr Kind zwei ganz verschiedene Welten. Es kann sich gut darin zurechtfinden und beide unterscheiden, wenn Sie ihm zeigen, wie sicher es sich auf Sie verlassen kann.

Dabei sind für ein Baby und Kleinkind *Regelmäßig-*

keit und Vorhersehbarkeit wichtig. Es hat keinen Sinn, das Kind mit unglaubwürdigen Versicherungen nur ablenken zu wollen. Holen Sie Ihr Kind darum stets zu der Zeit ab, die Sie versprochen haben (wenn es gar nicht anders geht, lassen Sie es abholen). Es stellt sich innerlich darauf ein und fühlt sich in diesem Rhythmus sicher.

Halten Sie in den Stunden, die Sie mit Ihrem Kind verbringen, regelmäßig kleine Rituale ein – Füttern in Ruhe, Bäuerchen auf dem Arm, Gelegenheit zu beruhigender Zärtlichkeit und Zwiesprache, Baden als ausführliches vielfältiges Vergnügen, gemeinsames Abendessen mit der ganzen Familie und vieles andere, das Sie je nach Ihren Gewohnheiten und den Vorlieben des Babys gestalten können. Für dieses jüngste Familienmitglied ist wichtig, daß es weiß, »was kommt«, worauf es sich verlassen kann.

Wichtiger als die Zeit, die wir mit einem Kind verbringen, sind die Gefühle, die wir ihm vermitteln. Eltern können den Zeitmangel durch besondere Aufmerksamkeit ausgleichen. Sie können sich in den verbleibenden Stunden intensiver und vielleicht sogar mit größerem Vergnügen, als sie es sonst tun würden, auf ihr Kind einlassen. Sie werden versuchen, es besser zu sehen, zu hören, zu spüren, kurz mit allen Sinnen und allen Gefühlsantennen wahrzunehmen. Damit werden sie offener für seine Signale. Feinfühlig können wir nämlich nur sein, wenn wir unsere Antennen nutzen.

Das bedeutet nicht, daß Mütter oder Väter aus latenten Schuldgefühlen in Überfürsorglichkeit und hektisches

Bemühen verfallen sollten. Dagegen können sie daran denken, die Kommunikationsversuche ihres Kindes, Blicke, Gesten und später auch echte Fragen, immer zu beantworten. Das ist weniger zeitraubend und ermüdend, als stundenlang ein quengeliges, unsicheres und unzufriedenes Kind erst abzuwimmeln und dann später zu trösten.

Eltern und Kind lernen aus den gegenseitigen Reaktionen. So beginnen sie, einander zu vertrauen. Sie erfahren, der andere verhält sich in einer abschätzbaren, vorhersehbaren Weise. Wenn ein Kind spürt, es kann sich überwiegend darauf verlassen, dann fühlt es sich auch in einer solchen, zeitlich begrenzten Beziehung sicher. Es weiß dann: Abends gibt es eine Zeit, in der wir uns als Familie zusammenfinden. Mama wird verstehen, was ich auf dem Herzen habe. Es kommt nicht darauf an, ob sie dabei mit mir spielt, sie kann dabei das Essen machen, den Tisch decken, mit Papa dies und das austauschen. Meine Eltern sind einfach da und leben *mit* mir. So kann sich eine Bindung weiter ganz natürlich entfalten.

»Was wird aus der Bindung, wenn Eltern sich trennen?«

Eine Trennung der Eltern mit all den vorausgehenden und sie begleitenden Spannungen erlebt ein Kind als belastend und oft sogar bedrohlich. Darum ist es jetzt noch mehr als sonst darauf angewiesen, daß Vater und Mutter es immer wieder und besonders überzeugend spüren lassen: »Du kannst dich weiter auf uns verlassen, wir haben dich lieb, wir sind für dich da und werden es immer sein. Hab keine Angst, unser Streit hat nichts mit dir zu tun. Die Liebe deiner Eltern zu dir kann nichts ins Wanken bringen.« Wenn es irgend möglich ist, sollten sie dem Kind auch vermitteln, daß sie, Vater und Mutter, weiterhin Freunde füreinander bleiben, daß die Liebe zu ihrem Kind sie weiter verbindet.

All dies sollten sie nicht nur sagen. Das Kind sollte wirklich spüren, daß es ihnen ernst damit ist. In alltäglichen Situationen kann sich das dadurch ausdrücken, daß sich *beide gleich aufmerksam gegenüber den Bedürfnissen, den Kümmernissen und Freuden ihres Kindes zeigen*. Eltern, die sich trennen, sollten wenigstens darin eine gewisse Einigkeit finden.

Kinder fürchten oft, die Ursache für den Zwist der Eltern zu sein. Sie haben darum Schuldgefühle. Für manche bricht erst einmal die Welt zusammen, und sie glauben, daß die Eltern nun auch sie verlassen werden.

Keiner der beiden Elternteile sollte versuchen, das Kind auf seine Seite zu ziehen – auch wenn die Versuchung oft noch so stark ist. Dem Kind wird damit wirklich Schaden zugefügt. Es wird in eine heillose Verwirrung gestürzt und kann nun eigentlich niemandem mehr vertrauen.

»Ist eine normale Bindung in unserer hochtechnisierten, unnatürlichen Umwelt überhaupt möglich?«

Wie auch bei den Fragen zu den »Schreibabys« möchte ich hier darauf hinweisen, daß schon die alltägliche moderne Umwelt – vor allem die Großstadt mit ihrem Lärm, Streß und Gefahren, mit der familiären Zerrissenheit, den weiten Arbeits- und Heimwegen, der Anonymität und vielem mehr kein günstiger Boden für die Entwicklung der von der Natur vorgesehenen Bindung am Lebensanfang ist.

Häufig werden in diesem Umfeld Babys von Erwachsenen als Störenfriede betrachtet. Manche Eltern und besonders Mütter, die stärker mit dieser latenten Feindseligkeit konfrontiert sind, übernehmen manchmal diese Haltung. Gelegentlich führt das dazu, daß sie denken, mit ihrem Baby sei etwas nicht in Ordnung.

Es ist wichtig, daß sie verstehen und beobachten lernen, daß ihr Kind ihnen mit einem schwierigen Verhalten meist einfach etwas mitteilt, das es in Worten nicht ausdrücken kann. Es gibt ihnen zu verstehen, was bei ihnen, den Erwachsenen und in ihrer gemeinsamen Welt nicht in Ordnung ist – bestimmte Lebensrhythmen, die Einteilung ihres beruflichen und privaten Lebens, ihre Schlaf-, Eß- und Freizeitgewohnheiten oder zu starke Unregelmäßigkeiten in allem.

Manche Kinder reagieren, das heißt »sprechen« sogar mit körperlichen Symptomen wie Hautausschlägen und Ernährungsstörungen oder eben ständigem Schreien und Quengeln.

Meist genügt es, die Störfaktoren im eigenen Leben herauszufinden, einen bestimmten Tagesrhythmus zu ändern, vielleicht flexibler zu werden, den Geräuschpegel zu senken, kurz: etwas »natürlicher« zu gestalten, was zu künstlich gelebt wird. Eltern sollten nicht vergessen, daß Babys noch weitgehend Naturwesen sind. Sie können sich nicht einfach an die Welt der Erwachsenen anpassen. Das ist ein langer Prozeß.

Wenn Eltern nicht zu sehr damit beschäftigt sind, ihre eigenen Bedürfnisse *gegen* das Kind durchzusetzen, werden sie seine Sprache verstehen. Sie begreifen dann leichter, welche Rhythmen ihr Kind zum Ausruhen oder zur Aktivität, zum Schmusen oder zum Erobern der Welt, zum gemeinsamen Spielen und zum In-Ruhe-Lassen, zum Schlafen und Wachen braucht.

Nur wenn dieses Gleichgewicht, diese innere Harmonie wenigstens einigermaßen hergestellt ist, kann sich die Bindung auch bei unseren weitgehend unnatürlichen Lebensgewohnheiten gut entfalten. Geborgenheit und Sicherheit, diese wichtigsten Qualitäten einer guten Bindung, kann ein Kind nur dann erleben, wenn nicht alles in seinem Leben in Unordnung ist. Seine Ordnung, sein

Gleichgewicht sind nicht unbedingt identisch mit denen der Erwachsenen.

Eltern mag es auf Anhieb nicht leicht erscheinen, gewisse Gewohnheiten zu ändern. Sie werden es jedoch nicht bedauern, denn es kommt nicht nur ihrem Kind, sondern auch ihnen selber zugute. Kinderärzte und Therapeuten haben beobachtet, daß mit der Umgestaltung mancher äußerer Bedingungen viele Probleme der Kinder sofort verschwinden und sich zwischen Eltern und Baby die Beziehung entspannter entwickelt. Die Basis für eine ausreichend sichere Bindung wird dadurch günstiger.

»Haben Neugeborene und wenige Wochen alte Babys schon Träume?«

Ja, und sie träumen sogar schon vor der Geburt. Wir dürfen uns jedoch die Träume eines Fötus und eines Babys nicht so vorstellen wie die Träume eines älteren Kindes, das bereits spricht und seine Sinneserfahrungen schon verfeinert und besser »integriert« hat, das heißt im Zusammenspiel beherrscht. Bei einem Neugeborenen nimmt der leichte, sogenannte aktive Schlaf noch die Hälfte der Schlafzeit ein, beim Fötus sogar noch viel mehr. Das ist die Phase, die von Wissenschaftlern als REM-Schlaf (von Rapid Eye Movement = schnelle Augenbewegung) bezeichnet wird und den Haupttraumschlaf ausmacht. Im REM-Schlaf bewegen sich die Augäpfel unter den Lidern oft ganz schnell hin und her – bei Babys ebenso wie bei Erwachsenen. Würden wir das Kind dabei wecken und könnte es schon sprechen, wären wir erstaunt über die Vielzahl seiner Träume. In diesem Traumschlaf leistet das Gehirn des Babys wichtige Entwicklungsarbeit. Es sorgt dafür, daß alle Erfahrungen, insbesondere Sinnes- und Bewegungserfahrungen verarbeitet und besser eingeübt werden. Der Traumschlaf des Babys fördert seine Reifung.

Diese Schlafphasen unterscheiden sich in einer Besonderheit von denen des älteren Kindes und des Erwachsenen. Während wir träumen, können wir uns nicht bewegen. Diese Bewegungsblockade gibt es beim Fötus noch nicht, so daß er im Traum unentwegt Bewegungsabläufe üben kann. Damit werden auch die dazugehörigen Verbindungen zwischen Nervenzellen im Gehirn »gebahnt«. Der Traumschlaf trägt also zur Festigung bestimmter Strukturen bei. Auch nach der Geburt bewegt sich das Baby oft noch im Traum – ein Grund, weshalb die Eltern dann manchmal glauben, es sei wach, und es hochnehmen, womit sie es dann wirklich wecken.

»Wie sollen wir mit unserem Baby sprechen – in Erwachsenensprache oder in ›Babysprache‹?«

Eltern sollten dabei ihrem Gefühl folgen. Meist verfallen sie ganz automatisch in einen anderen Tonfall als mit Erwachsenen. Sie benutzen, ohne darüber nachzudenken, die sogenannte Ammensprache. Dabei beschränken sie sich auf ein kleines Repertoire an besonders kontrastreichen »Mustern«, die sie mit erhöhter Stimme darbieten. Was sie sagen, klingt bald tröstend und beruhigend – wie »Ach, was ist denn? Was hat denn mein Kleiner?«, bald ermunternd – wie »Na, guck mal! Ja, das ist aber fein!«. Dabei bewegt sich die Sprach*melodie* in einem ganz besonderen Auf und Ab.

Diese Ammensprache, die Mütter auf der ganzen Welt mit den gleichen Sprachmelodien benutzen, ist genau das richtige für ein Baby. Sie entspricht so gut wie die Muttermilch seinen Bedürfnissen.

Viele haben sich – sehr zu Unrecht – über diese von Eltern instinktiv benutzte besondere Art zu sprechen lustig gemacht. Andere haben gefordert, man müsse mit einem Baby schon wie mit einem Erwachsenen reden, damit das Kind eine »vernünftige« Sprache lerne.

All das beruht auf einem großen Mißverständnis. Denn bei der übrigens von allen Erwachsenen, die sich über einen Kinderwagen beugen, verwendeten Ammensprache handelt es sich um die feinste und raffinierteste Anpassung an das Baby, die wir uns nur denken können. Diese Sprechweise hat zusammen mit der begleitenden Mimik und Körpersprache, mit den Übertreibungen und häufigen Wiederholungen einen außerordentlichen didaktischen Wert: Sie fördert, unterstützt und ermutigt das Baby nicht nur zu verstehen, sondern auch selber »Sprache« auszuprobieren. Mütter und Kinder imitieren sich dabei, wobei mal der eine, mal der andere eine neue Variante hinzufügt.

Aus dem Zusammenhang der Sprache in ihren einfachen, immer wiederkehrenden Mustern und den sich stets wiederholenden begleitenden Situationen, Gesten und Mimik lernt das Kind nach und nach, was die kleinen Sätzchen bedeuten, ob sie trösten, warnen oder ermuntern. Manchmal wiederholen Eltern ein solches Melodienrepertoire bis zu 44mal in drei Minuten! Das Baby versteht seine Mutter darum fast von Anfang an.

Tests haben gezeigt, daß sogar noch Erwachsene den Sinn eines gesprochenen Textes besser erfassen, wenn die Melodie der Ammen- und nicht der Erwachsenensprache entspricht. Man hat dazu auf einem Band den Inhalt aus in beiden Sprechweisen vorgetragenen Texten herausgefiltert, so daß nur noch die Melodie der Sätze übrigblieb. Ergebnis: Die erwachsenen Testpersonen erfaßten den Sinn der Ammensprache besser.

Eigentlich ist das kein Wunder, denn die übertriebenen Akzentuierungen und einfachen melodischen Muster dienen ja mit der begleitenden Mimik der Mutter oder des Vaters dazu, dem Baby Sprachinhalte, Botschaften des Tröstens oder Ermunterns leichter verständlich zu übermitteln. Die wiederkehrenden Muster prägen sich dem Kind ein. Aus dem Kontext der Situation lernt es, was sie bedeuten.

So wird Sprache von Anfang an und in der gesamten Kleinkindzeit über den *Sinn* einer Botschaft und die ihn begleitenden Verhaltensweisen gelernt, nicht dagegen – wie viele denken – über einzelne Begriffe oder Wörter. Sprache lernt ein Baby aus dem *Zusammenspiel* aller seiner Sinne und Fähigkeiten, sowohl der motorischen (also der Bewegung) als auch der geistigen und affektiven (seiner Gefühle also). Sprache fördern wir darum nicht nur durch Sprechen, sondern mit allem, was der Gesamtentwicklung des Kindes zugute kommt.

»Müssen Kinder schlafen lernen?
Muß Schlafen für Kinder und Eltern
ein Problem sein?«

Natürlich nicht. Schlafen ist das Natürlichste von der Welt. Da es in unserer heutigen Welt jedoch nicht nur für Erwachsene, sondern mehr noch für Kinder tatsächlich zum Problem geworden ist, widme ich den Fragen zum Thema Schlafen besonders viel Raum. Schließlich gehört der Kampf ums Schlafen in vielen Familien zu den ersten, nervenzermürbenden Auseinandersetzungen zwischen Eltern und Kind.

Wie sind wir nur auf die Idee gekommen, daß Kinder, anders als Erwachsene, nicht schlafen wollen, wenn sie müde sind? Oder wollen sie vielleicht nur nicht ins Bett?

Manche schlafen ja ganz einfach mitten im Spielen, in ihrem Ställchen, auf Mamas Arm, auf dem Teppich zwischen all ihren Spielsachen oder im Auto ein. Dann scheint also irgend etwas mit dem Bett oder den Gewohnheiten, die wir mit dem Bett verbinden, nicht in Ordnung zu sein.

Vielleicht benutzen wir Schlafen-*Müssen* oder Ins-Bett-*Müssen* gelegentlich als Drohung, als Erziehungsmittel? »Wenn du jetzt nicht Ruhe gibst, kommst du ins

Bett!« Ich höre das mindestens einmal in der Woche, ganz zufällig, bei irgendwelchen Gelegenheiten – beim Einkaufen, auf der Straße, bei Freunden. So etwas sollten wir niemals sagen, wenn wir unserem Kind das Schlafen nicht gründlich vermiesen wollen. Niemand, auch kein Erwachsener, tut gern, was allgemein als Strafe empfunden wird.

Vielleicht hat das Kind aus irgendeinem Grund Angst vor dem Dunkeln, dem Alleinsein, dem Verlust seiner gerade mit Stolz und Mühe erworbenen Kontrolle. (Siehe Fragen zur Angst im Dunkeln und zum Alleinschlafen.) Wenn wir das herausgefunden haben, die Ursachen beseitigen und das Kind in seinen Befürchtungen beruhigen können, verschwindet meist auch der Protest beim Schlafengehen.

Lassen wir uns jedenfalls nicht irreführen: Das Kind zeigt oft Verhaltensweisen, die uns einfach als Trotz, Dickköpfigkeit, Manipulation oder auch als Übererregtheit erscheinen. Eigentlich stellen wir uns vor, daß es uns erklären kann: »Du, Mama, wenn ich abends ins Bett gehe, habe ich Angst vor dem Gespenst (sicher ein Film-, Fernseh- oder Bilderbuchmonster). Es wartet nur drauf, daß ich im Dunkeln allein bin.«

Manch ein Kind versucht sogar, seine Angst so in Worte zu fassen. Dann sollten wir gut hinhören. Meist aber weiß es selber gar nicht genau, was mit ihm los ist. Erst geduldiges Fragen bringt uns dann auf die Spur, manchmal auch einfach Ausprobieren anderer Schlafgewohnheiten: die Tür offen- oder ein kleines Licht anlassen; zeigen, daß Mama und Papa zu Hause bleiben; Gespenster und Monster, die in der Phantasie des Kindes herumgeistern, symbolisch vertreiben; mit ihm in alle Ecken, hinter Schränke und unters Bett schauen, um sicherzustellen, daß da nichts ist; eine geborgene, vertraute Atmosphäre mit Schummerbeleuchtung, dem Lieblingskuscheltier und -spielzeug schaffen; eine Gutenachtgeschichte erzählen, die beruhigend ist usw.

Bei einem Baby oder gar einem Neugeborenen entstehen die Probleme oft einfach aus unserer Unkenntnis der kindlichen Schlafrhythmen und -bedürfnisse heraus (siehe »Müssen wir unser Kind früh zu einem ›vernünftigen‹ Tagesrhythmus erziehen?«). Neugeborene und wenige Wochen oder Monate alte Babys schlafen zwar viel, aber ganz anders als wir, oftmals leichter, weniger fest. Sie kommen während des Schlafs häufig dicht ans Aufwachen heran und quengeln, weinen oder werden dabei ein bißchen unruhig. Wir sollten sie dann nicht ganz aufwecken, sondern erst einmal abwarten, ob sie sich nicht schnell wieder beruhigen. Bald werden wir herausfinden, wann sie wirklich wach sind und wann sie nur unruhig, dicht am Wachsein schlafen.

Übrigens werden alle Menschen, Erwachsene wie Kinder nachts mehrmals kurz wach, oft ohne sich morgens noch daran zu erinnern. Zu erwarten, daß ein Kind einfach in einem Zug durchschläft, basiert also schlicht auf einem Irrtum.

Für ein Baby scheint es sogar wichtig zu sein, daß es hin und wieder aufwachen kann (siehe »Warum atmen

Babys sicherer in der Nähe der Mutter?«). Sein noch unreifer Atemmechanismus wird dadurch besser kontrolliert und in Gang gehalten.

Wenn alle diese Fragen, ebenso wie die in den anderen Kapiteln rund ums Schlafen gestellten, geklärt sind und wir doch nicht herausfinden, warum das Kind nicht einschlafen und schlafen kann oder will, sollten Eltern den Kinderarzt und möglicherweise einen Schlafspezialisten hinzuziehen. Kinder leiden mit mehr als 40 Prozent noch häufiger als Erwachsene (30 Prozent) unter Schlafstörungen. Da der Schlaf für ihre Entwicklung so wichtig ist, sollten die Ursachen möglichst rasch geklärt und behoben werden.

Äußerste Vorsicht ist bei beruhigenden Medikamenten geboten. Sie können die biologischen Rhythmen des Kindes erst vollkommen und nachhaltig durcheinanderbringen. Und in diese natürlichen Rhythmen muß es sich ja in den ersten Lebenstagen, -monaten und -jahren gerade hineinfinden.

»Wieviel Schlaf braucht ein Kind?«

Das kommt natürlich auf das Alter an. Je jünger es ist, desto mehr Schlaf braucht es. Schicken wir jedoch eines voraus: Die meisten Eltern überschätzen den Schlafbedarf ihrer Sprößlinge. Das haben Schlafforscher beobachtet. Wahrscheinlich liegt es daran, daß die Erwachsenen selber meist unter Schlafmangel leiden und häufig erschöpft von Berufs- und Familienalltag sind. Da wären sie oft froh, wenn die kleinen Quälgeister endlich Ruhe gäben.

Ein Baby schläft um die Mitte seiner fötalen Entwicklung im Mutterleib den ganzen Tag. Bei der Geburt sind es noch etwa 16 bis 18 Stunden. Mit einem Jahr kommen die meisten mit zwölf Stunden aus (das Mittagsschläfchen eingerechnet). Mit zehn Jahren braucht ein Kind etwa zehn Stunden. Einem Zwanzigjährigen reichen acht Stunden. Jedoch sind Jugendliche manchmal geradezu unersättlich im Schlafen. Wenn sie nicht geweckt werden, schaffen sie lässig mehr als zwölf Stunden.

Ebensowenig wie Erwachsene können Kinder auf Vorrat schlafen oder versäumten Schlaf einfach ganz und gar nachholen. Mehr als ein Viertel kann auch Klein-Hänschen nach einer schlaflosen Nacht kaum »nachschlafen«.

Damit ein Kind gut und ausreichend schläft, ist ein gewisser Rhythmus notwendig (siehe »Müssen wir unser Kind früh zu einem ›vernünftigen‹ Tagesrhythmus erziehen?«). Es hat also keinen Sinn, ein Kind ausnahmsweise abends spät ins Bett zu bringen, wenn man möchte, daß es morgens lange schläft. Das Gegenteil ist meist der Fall, eben weil der Rhythmus gestört ist. Die beste Garantie für einen langen und auch guten Nachtschlaf, ist es, die Kinder – je nach Alter und Eigenart – früh genug vor Mitternacht schlafen zu legen, das heißt gegen sieben, acht oder halb neun Uhr abends.

Eines haben alle Menschen gemeinsam: Sie wachen auf, wenn die Körpertemperatur stark im Ansteigen ist (also gegen Morgen) und alle hormonellen und vegetativen Funktionen wieder auf Tagesaktivität umgestellt sind. Dann fällt es schwer, weiter zu schlafen oder gar einzuschlafen. Dabei spielt das Licht eine besondere Rolle, denn es unterdrückt das »Nachthormon« Melatonin.

Behalten wir also: Nachthormon »aus«, Körpertemperatur steigt = Kind wird wach. Im Rahmen dieser Grundregel gibt es jedoch Temperamentsunterschiede. Manche Kinder sind Morgenlerchen, andere Langschläfer. Je nach ihren bevorzugten, gewohnten Aufwachzeiten können wir zurückrechnen, wann sie zu Bett gehen sollten: ihrem Alter entsprechend zwölf (und mehr), zehn oder acht Stunden vor der üblichen Aufwachzeit.

Da sich nicht nur Erwachsene, sondern auch Kinder bestimmten äußeren Zwängen wie Arbeits-, Schul- oder Kindergartenbeginn unterwerfen müssen, geht nicht immer alles so glatt, wie von der Natur vorgesehen. Wichtig ist, daß wir trotzdem so weit wie möglich dafür sorgen, daß unsere Kinder nicht allzusehr gegen ihren inneren, natürlichen Rhythmus leben müssen. Kompromisse sind da aber meist unumgänglich.

»Warum braucht ein Kind seinen Schlaf?«

Schlaf ist für alle höher entwickelten Lebewesen unabdingbar. Bei einem Baby und Kleinkind kommt der Schlaf vor allem der Entwicklung seines Gehirns und damit seiner Gesamtentwicklung zugute. Im Schlaf werden Hirnstrukturen gebildet, eingeschliffen, verfestigt, andere werden als überflüssig »aussortiert«, das heißt, sie verschwinden wieder.

Mehr noch als ein Erwachsener verarbeitet das schlafende Kind alles, was es im Wachen erlebt, lernt, an Ein-

drücken und neuen Erfahrungen sammelt. Eine ungeheure Fülle von »Material« muß da gesichtet, eingeordnet und der sinnvollen Nutzung zugeführt werden! Das Gehirn ist gerade am Lebensanfang nicht nur im Wachen, sondern auch im Schlaf hoch aktiv und verbraucht ungeheure Energie. Kaum jemand denkt daran, daß Neugeborene und wenige Tage oder Wochen alte Babys auch deshalb so häufig nach Nahrung verlangen: Ihr Gehirn benötigt, um zuverlässig funktionieren zu können, eine stetige Zufuhr von Nährstoffen, vor allem Glukose.

Im Schlaf werden – nicht nur beim Kind – Wachstumshormone ausgeschüttet, wird das Immunsystem gestärkt, findet eine Art Gewebereparatur statt.

Schlafmangel ist darum für ein Kind noch schlimmer als für einen Erwachsenen. Es wird nicht nur übererregt und reizbar, in seinem Verhalten gestört, trotzig, unkonzentriert, aggressiv. Weniger leicht erkennbar ist, daß alle seine Tagesrhythmen durcheinandergeraten – Appetit, Aktivität und Ruhe, sein ganzes inneres Gleichgewicht. Dieses ist noch sehr empfindlich, denn das Baby ist in den ersten Lebenswochen und -monaten ja gerade erst dabei, es zu finden. Es muß seine eigenen Rhythmen erst entwickeln.

Aber nicht nur die Allerkleinsten leiden, wenn ihnen Schlaf fehlt, auch die Größeren werden nicht nur zappelig und nervös, sie können nicht lernen und sich nicht wie ausgeschlafene Kinder fröhlich in der Gruppe vergnügen.

»Sollte ein Baby auf dem Arm der Mutter (oder des Vaters) einschlafen dürfen?«

Selbstverständlich, wenn es sich so ergibt. Viele Babys schlafen nach dem Stillen oder dem Fläschchen oder auch einer zärtlichen Zwiesprache und ein wenig Schmusen abends oder tagsüber im Arm der Eltern ein. Das ist ganz natürlich, denn hier fühlen sie sich am sichersten und am wenigsten vom Leben abgeschnitten.

Leider lesen oder hören Eltern gelegentlich, man sollte Babys nicht auf dem Arm einschlafen lassen. Die Begründung: Wenn die Kinder dann später in ihrem Bettchen aufwachten, hätten sie Angst oder erschreckten sich. Sie wüßten nicht, wo sie seien, weil sie sich erinnerten, vorher im Arm der Mutter gelegen zu haben.

Hier haben wir es mit zwei Mißverständnissen zu tun, die dringend der Aufklärung bedürfen.

- Erstens entspricht es dem ganz natürlichen, intuitiven Verhalten der meisten Mütter und ebenso der Babys, den Schlaf in der Geborgenheit des körperlichen Kontakts »kommen zu lassen«. Dieses Verhalten gehört zu dem von der Natur zur Sicherheit des Babys vorgesehenen Verhaltensprogramm, mit dem auch alle Eltern ausgestattet sind. Das heißt nicht, daß das Baby nicht in seinem Bettchen einschlafen dürfe.

- Zweitens hat der Schlaf eine besondere Eigenschaft oder Funktion: Er löscht fast alle Erinnerungen aus an das, was unmittelbar vorm Einschlafen erlebt und gedacht wird. Nur Erlebnisse, Eindrücke und Lernen, die sich eine Viertelstunde oder zwanzig Minuten vor dem Einschlafen ereignen, werden behalten. Das hat die neue Schlafforschung eindeutig erwiesen.

Demnach wird sich ein Kind, entgegen der oben geäußerten Meinung, auch wenn man es zum Schlafen gleich in sein Bettchen legt, beim Aufwachen nachts eher daran erinnern (wenn es sich überhaupt erinnert), was eine halbe Stunde vor dem Einschlafen war. Nämlich, daß die Mama oder der Papa da mit ihm geschmust hat und es zum Stillen oder Füttern auf dem Arm hatte. *Wie es eingeschlafen ist, daran erinnert sich das Baby jedoch in keinem Fall.* Nicht einmal wir selber wissen *genau*, wie und wann uns abends die Augen zufallen. Und wenn wir vorher gelesen haben, so vergessen wir, was in den letzten Zeilen stand.

Das Gefühl der Geborgenheit jedoch, das ein Kind im Moment des Einschlafens umhüllt, begleitet es auf seiner Traumreise durch die Nacht und läßt es besser und ruhiger schlafen.

»Sollte ein Baby allein schlafen?«

Das ist eine Frage der Kultur, unserer persönlichen Gewohnheiten und Bedürfnisse und vor allem eine Frage
des Alters.

Grundsätzlich sollten Eltern bei dieser Frage ihrem eigenen Gefühl, ihrem Instinkt und ihren Bedürfnissen folgen. Manchmal jedoch werden sie ihre Entscheidung
vielleicht ein wenig ändern, wenn sie sich klarmachen,
was am natürlichsten und sichersten für ihr Kind ist.

Zunächst zu den Neugeborenen und wenige Wochen
alten Babys: Denken wir noch einmal an die Zeit vor dem
großen Ereignis Geburt zurück. Da lebten wir, die Mütter jedenfalls, ganz und gar im 24-Stunden-Einklang und
-Rhythmus mit unserem Baby. Ohne daß wir irgend
etwas dazu tun mußten, hatte es an allem teil, was wir er-
lebten. Es begleitete uns von morgens bis abends und von
abends bis morgens. Wir fühlten seine Bewegungen in
unserem Leib, und es spürte unsere. Es hörte ständig unseren Herzschlag. Unsere Stimme war allgegenwärtig.
Haben wir uns schon jemals gefragt, ob ein Fötus im
Mutterleib wohl genug schlafen will oder kann? Warum

wohl nicht? Vielleicht, weil dieser kleine Mensch noch in ganz natürlichen Bedingungen lebt, die seinen biologischen und sogar schon seinen seelischen Bedürfnissen am besten entsprechen.

Was aber bieten wir ihm, kaum daß er auch nur die Nase in die Welt steckt? Als erstes »entbinden« wir ihn. Das Kind von der Plazenta abzunabeln ist lebensnotwendig, denn sein Atemsystem sorgt jetzt für Sauerstoffzufuhr, gleichzeitig muß damit der Blutfluß im Herzen umgepolt werden.

Nicht notwendig dagegen, ja schädlich für das Kind ist die Entbindung von der Wärme und Geborgenheit, dem zärtlichen Körper- und Hörkontakt mit der Mutter. Das Baby ist, um alle seine Sinne und Körperfunktionen gebrauchen zu können, auf die es sich so lange im Mutterleib vorbereitet hat, auf die Kontinuität, den Fortbestand der engen körperlichen und seelischen Beziehung angewiesen.

Menschenkinder kommen so früh auf die Welt, weil ihr Gehirn anders als bei den übrigen Säugetieren noch ungeheuer wachsen und sich weiterentwickeln muß. Darum sind unsere Babys eigentlich alle »Frühchen« im Vergleich zu anderen Säugetieren. Zu einem späteren Zeitpunkt könnten sie gar nicht zur Welt kommen, denn ihr Kopf wäre dann einfach zu groß, um durch den engen Geburtskanal zu passen. Darum hat die Natur vorgesehen, daß Neugeborene gleich nach der Geburt in die Arme ihrer Mütter aufgenommen werden. Daß sie ihren Herzschlag und ihre Stimme aus nächster Nähe hören können und all die anderen familiären Laute, wie die Stimme des Vaters und seine ebenfalls aus dem Mutterleib bekannten streichelnden Hände.

Die Babys bekommen »draußen« viel mehr Anregungen. Diese fördern ihre spezifisch menschliche Gehirnentwicklung, die sie sehr schnell zu ganz und gar sozialen Wesen in der Gemeinschaft werden läßt. Sie brauchen aber weiterhin so etwas wie einen schützenden Mutterleib. Sie nehmen sich ja noch nicht wirklich als Einzelwesen wahr. Immer noch erfahren sie sich im engen Kontakt mit dem Körper der Mutter (oder eines Menschen, der nun ganz für sie sorgt), sie leben noch eine Weile angepaßt und fein abgestimmt auf die Rhythmen der Mutter.

So war es während Hunderttausenden von Jahren. Nun sind vor verhältnismäßig kurzer Zeit – nämlich vor rund 200 Jahren – Menschen in einigen westlichen Kulturen auf die Idee gekommen, Babys gleich nach der Geburt nicht nur in eigene Bettchen, sondern auch in abgesonderte Zimmer schlafen zu legen. Ausgerechnet in der

Phase des Tages, in der jeder Mensch mehr als sonst auf Vertrautheit und Sicherheit angewiesen ist und in der wir alle besonders hilflos sind, in der Nacht, sollte nun das eben aus dem Mutterleib entbundene Kind ganz allein schlafen.

Ich habe bei der Beantwortung anderer Fragen schon darauf hingewiesen, daß Evolution, das heißt die Entwicklungsgeschichte der Menschheit, ein Prozeß ist, der sich in Hunderttausenden, nicht aber in Hunderten von Jahren vollzieht. Die zweihundert Jahre der westlichen Sitte, Kinder allein schlafen zu lassen, haben im biologisch-psychischen Evolutionsprozeß noch so gut wie keinen Einfluß.

Vieles spricht tatsächlich dafür, daß unsere Neugeborenen noch wie in unserer Vorgeschichte die enge Nähe der Mutter brauchen – eigentlich den ganzen Tag und ganz besonders im Schlaf.

Wissenschaftler untersuchten, wie weit unter »natürlichen« Bedingungen – auf einer Insel nordöstlich von Neuguinea – Mütter und ihre neugeborenen bis wenige Monate alten Babys im Einklang leben. Mit kleinen Meßgeräten, die am Körper der jungen Frauen und ihrer Kinder angebracht waren, zeichneten sie über den 24-Stunden-Tag Atemrhythmus, Herzfrequenz, Luftflußrhythmus, Hirnströme sowie Kinn- und Augenbewegungen auf. Das Ganze ergab jeweils eine Aktivitäts-Ruhe-Kurve.

Es zeigte sich, daß die Mütter-Baby-Paare, die nicht nur den Tag, sondern auch die Nacht in körpernahem

Kontakt lebten, auffällig häufig Zeit in vergleichbaren Schlafstadien verbrachten, daß sie häufig gleichzeitig Erregungsphasen (zum Beispiel Bewegungen im Schlaf) durchlebten, ohne sich jedoch dabei gegenseitig aufzuwecken, und daß sie insgesamt weniger Zeit in tiefen Schlafstadien verbrachten. Das ist für die Babys wichtig, denn aus diesen Stadien ist ein »Auftauchen« für sie viel schwieriger. Sie sind jedoch für die Sicherheit ihrer noch unreifen Atemregulation darauf angewiesen, gelegentlich nachts öfter fast wach zu werden. Zudem beobachteten die Anthropologen, daß die Babys nachts oft dicht mit dem Gesicht an dem der Mutter lagen. Offensichtlich ruhten die Kinder so am liebsten. Dabei atmen sie etwas vom ausgeatmeten Kohlendioxyd der Mutter ein. Zusammen mit frischem Sauerstoff hält dieses Gasgemisch ihre Atmung stabil, vermuten die Forscher.

Insgesamt ergab sich für die Wissenschaftler, daß das Zusammenschlafen mit der Mutter dem Baby bessere Lebenschancen bietet als das Alleinschlafen. Es werden dabei mehr körperliche Erfahrungen (Stimulationen) vermittelt. Das wiederum führt zu einer besseren Synchronisierung aller Reifungsvorgänge. Alle Körpersysteme müssen bei einem wenige Tage oder Monate alten Baby noch »lernen« oder üben, mit dem Atemvorgang zusammenzugehen. Uns scheint das selbstverständlich. Am Lebensanfang ist es das jedoch keineswegs. Wie gesagt: Das Menschenbaby kommt, verglichen mit anderen Säugetieren, extrem früh und unreif in seiner Entwicklung zur Welt.

Der amerikanische Forscher James McKenna, der seine Beobachtungen zum »Baby-Mutter-Co-sleeping« kürzlich auf einem Weltkongreß der Schlafforscher in Boston vorstellte, hielt es einfach für unfair, Eltern zu sagen, mit dem Baby in Körper- und Fühlnähe zu schlafen sei gefährlich. Das Gegenteil sei der Fall. Warum, das werden wir bei der nächsten Frage zur Sicherheit des Atmens klären.

»Warum atmen Babys sicherer in der Nähe der Mutter?«

Ich habe im vorigen Kapitel erklärt, daß ein Baby im Körperkontakt mit seiner Mutter mehr Stimulation erhält. Das bedeutet vor allem, daß alle vom Gehirn gesteuerten Funktionen besser reguliert werden können. Sie werden dann auch im Schlaf ein wenig »wach« gehalten. Ich habe darauf hingewiesen, daß dies besondes für den Atemvorgang wichtig ist. Atmen wird ja nicht einfach, wie wir denken könnten, von den Lungen erledigt. Ohne ein Kommando vom Gehirn würde gar nichts passieren. Diese Steuerung des Atemvorgangs, der Rhythmus dafür, beginnt erstaunlicherweise schon im Mutterleib zu funktionieren. Lange bevor die Lungen Luft einatmen, bewegt sich das Zwerchfell des Fötus in einem echten Atemrhythmus. Aber trotz dieses Einübens funktioniert dieser Rhythmus nach der Geburt noch nicht bei allen Babys mit absoluter Sicherheit. Ihr Gehirn ist noch nicht reif genug.

Der amerikanische Forscher McKenna, der mit seinen Kollegen den Schlaf von Babys eingehend untersucht hat, erklärte anläßlich eines internationalen Schlafkongresses in Boston, eine mögliche Folge des Alleinschlafens sei, daß Babys oft zu lange und zu tief schlafen.

Nanu! Wünschen wir uns nicht gerade, daß Babys schon bald nach der Geburt lange und tief schlafen? Dachten wir nicht, das täte ihnen gut – und uns auch?

Leider müssen wir diese Meinung jedenfalls zum Teil revidieren. Denn, so erklären die amerikanischen Babyschlafforscher: Ohne die kleinen häufigen sensorisch anregenden Bewegungen und Berührungen durch die Mutter oder einen anderen Schlafpartner entwickeln manche Kinder *vorzeitig* Schlafmuster wie Erwachsene. Normalerweise haben Babys am Lebensanfang noch keinen Tiefschlaf. Daß sie solche Schlafmuster zu früh entwickeln, kann ihnen gefährlich werden, weil die dafür notwendigen Fähigkeiten noch nicht vorhanden sind. *Babys müssen also am Lebensanfang Gelegenheit haben, zu »üben«, wie man leicht aufwacht, damit sie dies in kritischen Schlafphasen dann auch schaffen.* Dieses Einüben des Aufwachens oder Fastaufwachens geschieht am leichtesten durch die Fühl- und Hörnähe der Mutter. So bleibt das kindliche Nervensystem immer ausreichend in »Erregung«. Das hilft dem Baby vor allem dann, wenn irgendeine innere Störung des Atemvorgangs eintritt. Dann ist es lebenswichtig, daß es schnell und leicht aufwachen kann.

Hinzu kommt noch: *Atmen ist aufs engste mit der Körpertemperatur gekoppelt.* Diese wiederum ist dem Tagesrhythmus unterworfen (siehe »Müssen wir unser Kind früh zu einem ›vernünftigen‹ Tagesrhythmus erziehen?«). Das heißt, sie steigt und fällt im Lauf des Tages nach einer ganz bestimmten, allen Menschen eigenen Regel. Beim Neugeborenen ist auch dieser Rhythmus noch nicht stabil. Sogar bei Erwachsenen kann die Körpertemperatur im REM-Schlaf (siehe »Wieviel Schlaf braucht ein Kind?«) noch außer Kontrolle geraten. Bei Babys passiert das noch viel häufiger. Schließlich verbringen sie ja die meiste Zeit im REM-Schlaf und können ihre Körpertemperatur ohnehin noch nicht sicher regulieren.

Wenn ihre Temperatur zu sehr *absinkt* oder *ansteigt* (was häufiger passiert) und sie überhitzt sind, ist ihre Atmung gefährdet.

Atmung und Körpertemperatur spielen neben anderen Faktoren beim Syndrom des plötzlichen Säuglingstods (SIDS = Sudden Infant Death Syndrom) eine wichtige Rolle.

Die amerikanischen Forscher untermauerten ihre Forderung nach dem Baby-Mutter-Co-sleeping mit statistischen Beobachtungen. Warum, so fragen sie, sind in westlichen Industrieländern Babys stärker vom plötzlichen Kindstod bedroht als in asiatischen? Während in einer Großstadt wie Tokio nur 0,15 und in Hongkong nur 0,04 Fälle pro 1000 Kinder gemeldet wurden, gaben die USA 1,5, Großbritannien 2,7 und Deutschland 1,3 pro 1000 an, das heißt etwa sechs- bis zwölfmal soviel! Hinzu kommt noch die Beobachtung, daß bei asiatischen Einwanderern in die USA die Zahlen so lange extrem niedrig blieben, wie die Familien ihren traditionellen Lebensstil beibehielten. Das heißt, sie legten die Babys auf den Rücken und ließen sie nachts bei den Müttern schlafen. Die Statistik verschlechterte sich auch für diese Bevölkerungsgruppe von dem Zeitpunkt an, wo sie sich den Sitten des Gastlandes anpaßte und ihre Babys wie die Amerikaner allein in ein Bettchen und ein Kinderzimmer auf den Bauch schlafen legten.

Die Zahlen gingen auch in der westlichen Welt übrigens drastisch zurück, als man davon abging, Babys nachts auf den Bauch zu legen. Die Rückenlage ist also sicherer.

Das Fazit etlicher Wissenschaftler ist die Vermutung, daß die hohe Zahl der Schlafstörungen unserer Kinder (über 40 Prozent!) und die Gefährdung durch den plötzlichen Kindstod etwas damit zu tun haben, wie wir mit dem Schlaf unserer Kleinsten umgehen.

All das bedeutet nicht, daß Eltern nun besonders ängstlich sein müßten: Sie sollten nur ein bißchen mehr die biologischen und seelischen Bedürfnisse ihres Babys im Auge haben. Sie könnten zum Beispiel einmal darüber nachdenken, daß ein Walkie-talkie zwar *ihnen* hilft, den Geräuschen ihres Kindes zu lauschen, *nicht aber dem Baby,* die Stimmen der Eltern zu hören. Und das ist offensichtlich genauso wichtig!

Babys sind im Laufe der Entwicklungsgeschichte einfach nicht darauf vorbereitet worden, so abrupt isoliert zu werden. Die französische Kinderärztin und -analytikerin Françoise Dolto meint, daß wir mit dieser Isolierung das Kind nicht nur von der sozialen Gemeinschaft abschneiden, sondern auch vom Leben.

Es geht also nicht unbedingt darum, daß Babys im gleichen Bett mit den Eltern schlafen, sondern daß sie in ihrer Reichweite sind. Daß Baby und Eltern sich gegenseitig hören und gelegentlich auch spüren können. So fühlen sich die neuen Erdenbürger auch nicht aus dem Familienleben ausgeschlossen. Sie schlafen entspannter, weil sie sich sicherer und geborgener wissen.

Eltern, die unbedingt Intimität im eigenen Schlafzimmer brauchen und sich dabei wohler fühlen, können immer einen Kompromiß finden: Sie sollten das Kinderzimmer neben ihrem eigenen einrichten und die Tür ein wenig offenlassen, so daß zumindest die Hörnähe erhalten bleibt. Viele Babys empfinden das als ausreichende Geborgenheit, besonders dann, wenn sie merken, daß die Mutter gelegentlich nach ihnen schaut. Eine junge Frau erzählte mir, sie wäre anfangs, als das Baby noch klein war, lieber zehnmal nachts zu ihm hinübergegangen und hätte es (oder sich selber!) beruhigt, als es bei sich im Zimmer oder Bett schlafen zu lassen. Das kleine Mädchen hatte sich schon nach wenigen Wochen angewöhnt, ruhig zu schlafen, ohne Mama oder Papa mit Weinen »herbeizurufen«.

»Warum haben fast alle Kinder Angst im Dunkeln?«

Die Angst des Babys im Dunkeln ist in unserem evolutionären Erbe enthalten. Vor Tausenden von Jahren hatten alle Menschen, groß und klein, Angst im Dunkeln. Denn im Dunkel der Nacht waren sie allen möglichen Gefahren ausgeliefert, die sie nicht sehen und vorhersehen konnten. Der Kreis des hellen und warmen Feuers gab ihnen Sicherheit vor Raubtieren und Feinden. Die Angst im Dunkeln war also außerordentlich sinnvoll, ja lebensrettend, zumal Menschen mehr als andere Säugetiere auf Nachtschlaf angewiesen und während dieser Zeit völlig wehrlos sind. Noch wehrloser ist ein Baby.

Auch heute noch haben viele Menschen Angst im Dunkeln. Nicht nur Kinder, sondern sogar Erwachsene schlafen oft besser ein, wenn irgendwo in der Nähe ein kleines Lämpchen an ist oder ein gedämpftes Licht von draußen ins Zimmer fällt. Wir sollten also gar nicht verwundert über die Angst der Kleinen sein.

Die Angst vor der Dunkelheit taucht bei einem Baby um den achten Lebensmonat auf, etwa gleichzeitig mit dem »Fremdeln«. Beides sind Ängste, die unabhängig von der Erziehung auftreten. Der englische Entwicklungspsychologe John Bowlby, der sein ganzes Leben der Beobachtung von Kindern widmete, ordnete die Angst im Dunkeln darum den »natürlichen (biologischen) Ängsten« zu.

Daß diese Angst natürlich ist, läßt sich noch besser verstehen, wenn wir uns klarmachen, daß der Mensch ein

»Augentier« ist. Sehen ist für uns wesentlich bei allem, was wir erkennen, begreifen und lernen wollen. Das Sehen ist, ohne daß wir uns dessen bewußt wären, unabdingbar für unseren Gleichgewichtssinn, sogar für unsere Muskelspannung (den Tonus) und für unsere Tasterfahrungen, die wir ja mit unseren Augen überprüfen. Wir können uns im Raum nur orientieren, wenn wir alle diese Sinneserfahrungen nutzen können. Sogar das Hören spielt dabei eine Rolle. Wenn auch nur eine der Wahrnehmungen fehlt, sind wir verunsichert und wissen nicht mehr, wo wir sind und wie wir uns in einem Raum befinden. Das gilt ganz besonders, wenn das Sehen fortfällt.

Darum macht uns Dunkelheit auch in unseren Bewegungen unsicher, und zwar nicht nur, weil wir dann fürchten, zu stolpern oder uns zu stoßen. Und so legen wir uns nicht ohne Grund nachts zum Schlafen nieder. Nicht einfach aus Müdigkeit, sondern auch, weil die aufrechte Haltung zu anstrengend wird, wenn wir nicht über alle unsere Sinne verfügen können.

Ganz genauso geht es einem Kind, nur erlebt es das alles noch viel stärker. Es hat ja mit einer halbwegs aufrechten Haltung – zunächst mit dem Kopf, dann sitzend mit dem Rumpf und schließlich stehend mit dem ganzen Körper – gerade erst gelernt, sich im Raum zu orientieren. Die Entwicklung bis dahin ist gar nicht leicht für das Baby.

Sehen wir uns ein Neugeborenes an: Es hat in den ersten Lebenswochen nach der Geburt einen echten Kampf mit der Schwerkraft zu führen. Immer wieder zerrt diese es wie mit tausend bleiernen Gewichten platt auf seine Unterlage zurück.

Nicht zufällig lernt es zuerst, den Kopf »im Raum einzustellen«, das heißt, ihn hoch, aufrecht zu halten. Die Augen helfen ihm dabei. Mit dieser Fähigkeit und mehr noch mit der späteren freien, aufrechten Bewegung im Raum kann ein Kind nun beginnen, die Welt wirklich zu erkunden und zu verstehen. Das in einer bestimmten Entwicklungsphase auftretende Fremdeln und die Dunkelheitsangst begreifen wir besser, wenn wir uns all das »vor Augen« führen.

In den ersten Lebenswochen, wenn es noch keine

Angst vor Dunkelheit gibt, ist der »Nahsinn« Fühlen vorrangig. Später erlaubt der »Fernsinn« Sehen eine Orientierung und auch eine Bindung zur Mutter (Bezugsperson) über eine gewisse Entfernung hinweg – eben in Sichtweite. Die Beraubung dieses Absicherns durch den Blickkontakt mit der Mutter verunsichert das Kind. Dies passiert, wenn ein Baby oder Kleinkind im Dunkeln allein gelassen wird.

Die Angst größerer Kinder im Dunkeln kommt oft aus ihren Phantasievorstellungen von allen möglichen unheimlichen Geistern und Gestalten. Oft wachen sie im Dunkeln aus beängstigenden Träumen auf. Auch darin ähneln sie unseren Vorfahren.

Häufiger als Eltern es ahnen, haben jedoch Vier- und Fünfjährige im Dunkeln Angst, die Eltern könnten fortgehen und nicht wiederkommen. Manche Kinder fragen sogar noch mit sechs Jahren jeden Abend, ob Mama oder Papa auch dableiben. Eine Frau erzählte mir, daß ihre Tochter beim Gutenachtkuß immer darauf achtete, welche Schuhe ihre Mutter anhatte – Hausschuhe oder Straßenschuhe. Dabei hatten diese Eltern ihr Kind noch nie allein gelassen.

Verstehen wir einfach, daß im Dunkeln die Welt für Kinder – und nicht nur für sie! – ein unsicherer, ja unheimlicher Ort ist. Viele überwinden in der Geborgenheit der Familie diese Gefühle schnell. Je mehr Sicherheit am Lebensanfang vermittelt wird, desto besser. Andere behalten ihre nächtlichen Ängste länger oder immer.

Darum sollten wir den Wunsch eines Kindes nach ein

wenig Licht und unserer Nähe erfüllen, denn um so leichter wird es einschlafen. (Siehe auch Antworten auf die Fragen zum Thema Schlaf.)

»Wann und wie lernen ältere Babys und Kleinkinder, allein zu schlafen?«

Grundsätzlich fühlen sich auch Kleinkinder in der Nähe der Eltern sicherer. Bei ihnen sind zwar der Atemvorgang und das Nervensystem nicht mehr so sehr auf gelegentliche nächtliche Stimulierung angewiesen wie beim neugeborenen oder beim wenige Monate alten Baby. Sie haben jedoch andere, neue Gründe, nicht allein schlafen zu wollen. Ich habe sie im Kapitel über die Angst im Dunkeln beschrieben.

Da jedes Kind und jede Familie verschieden sind und ihren eigenen Stil haben, sollten Eltern bei der Frage nach dem Alleinschlafen möglichst ihrem Gefühl und Instinkt folgen. Sie sollten weniger auf Erziehungsratschläge hören oder auf den in ihrer Umwelt geltenden Regeln bestehen. Es geht darum, daß sie ihrer *Intuition* für ihr Kind folgen – schließlich kennen sie es am allerbesten – und ihren eigenen Bedürfnissen. Es hat keinen Sinn, wenn sie sich oder dem Kind etwas aufzwingen, was ihnen absolut gegen den Strich geht. Besser ist es, vernünftige Kompromisse und Übergänge zu finden.

Eltern, die sich absolut wohl fühlen, auch wenn ihr

zweijähriges Kind noch bei ihnen im Bett schläft, sollten nicht unter »gesellschaftlichem« Druck (von seiten der Nachbarn, Freundinnen, Mütter oder Schwiegermütter zum Beispiel) eine plötzliche Änderung der liebgewordenen Gewohnheit beschließen. Diese Eltern werden spüren, wann ihr Kind so »erwachsen« ist, daß es besser und lieber allein schläft.

Andere Mütter und Väter dagegen, die sich ganz eindeutig wünschen, daß ihr Kind – aus welchen Gründen auch immer – möglichst früh allein zu schlafen lernt, können Wege finden, dies dem Kind »schmackhaft« zu machen. Vor allem indem sie ihm zeigen, daß es keine Angst haben muß, ganz allein zu sein. Sie können die Tür zu seinem Zimmer nur anlehnen, so daß ein wenig Licht und Geräusche hineindringen. Sie sollten ihm, aber das tun ohnehin alle Eltern, sein Lieblingskuscheltier oder Schmusetuch ins Bett legen.

Nicht sinnvoll ist es, einem mehrere Monate alten Baby ein Fläschchen mit ins Bett zu geben. In diesem Alter brauchen Kinder (außer wenn sie krank sind) nachts keine Mahlzeit mehr. Es ist wichtig, daß ein Baby lernt, das biologische Bedürfnis nach Nahrung nicht mit dem seelisch-sozialen Bedürfnis – oder dem Wunsch – nach menschlicher Nähe, Zärtlichkeit und Geborgenheit zu verwechseln. Viele überängstliche Eltern fördern ein solches Mißverständnis, indem sie Kinder auch am Tag bei jedem Piepser mit dem Fläschchen zu beruhigen versuchen. Kein Wunder, wenn solche Kinder später als Erwachsene bei jeder Beunruhigung, jedem Streß oder jedem Einsamkeitsgefühl denken, sie müßten sich irgend etwas in den Mund stecken: irgendwelche Leckereien, Getränke oder auch Zigaretten.

Was dagegen den Übergang, die Reise in die Nacht und den Schlaf erleichtert, sind kleine Gutenachtgeschichten, von der Mutter erzählt oder auch von einer Kassette oder CD. Auch Musik – Kinderlieder und vor allem klassische Musik – hat eine beruhigende Wirkung. Alle ruhigen Rhythmen, die an den Herzschlag der Mutter erinnern, wirken besänftigend. Schnelle Rhythmen dagegen erregen eher und eignen sich nicht zum Einschlafen.

Es ist wichtig, daß das Kind den Weg ins Alleinsein des Nachtschlafs nicht ganz auf sich gestellt und abrupt antritt. Darum haben sich tausend Rituale, die fast alle Eltern intuitiv anwenden, bewährt: Ausziehen, Waschen, Zähneputzen, den Lieblingsspielsachen gute Nacht sagen, sie ordentlich um sich versammeln – all das möchte das Kind noch im Beisein von Mama oder Papa tun. Manche Kinder decken auch gern mit Mama schon den Frühstückstisch: So wird eine Verbindung zum nächsten Morgen hergestellt. Der Tag kann ruhig und vertrauensvoll ausklingen. Das Aufwachen sollte ebenso seine ruhigen und angenehmen Rituale haben. Ein Kind sollte sich darauf freuen können, dann fällt der Abschied vom alten Tag leichter.

Die meisten Kinder möchten gern möglichst vieles wie die »Großen« tun: Allein essen, allein an- und ausziehen, Mama helfen, auch wenn ihnen all das noch nicht so gut gelingt. Eltern, die ihre Kinder in diesen Dingen unterstützen, ohne sie jedoch dazu antreiben, werden es auch leichter haben, dem Sohn oder der Tochter zu erklären, daß ein eigenes Bettchen und ein eigenes Zimmer so etwas wie eine Beförderung in den Status der Großen ist. Viele Kinder warten nur auf solche Vorschläge, manche verlangen ganz von selber danach.

Ein bißchen Geduld zu haben, erspart im Umgang mit Kindern fast immer Zeit und Nerven. Auch die ganz Kleinen haben nämlich sehr feine Antennen dafür, ob die Eltern etwas unbedingt erreichen wollen. Dann widersetzen sie sich oft, obwohl sie etwas bei mehr Gelassenheit und weniger Drängen von seiten der Erwachsenen eigentlich ganz gern getan hätten. Manchmal hilft schon das Zauberwort, du »darfst« statt, du »mußt«. Ich selber habe es bei meinen Kindern mit großem Erfolg angewandt. Oft übertragen Eltern mit ihrem »Du mußt« oder mit barschen Befehlen ihre eigene innere Abwehr gegen bestimmte Forderungen: Das heißt, sie gehen aufgrund ihrer eigenen Erfahrungen davon aus, daß etwas, was sie vom Kind verlangen, eigentlich unangenehm ist. Zum Beispiel den Mülleimer rausbringen. Sie machen es selber nicht gern, also wird es das Kind, meinen sie, auch nicht gern machen. Das stimmt aber oft gar nicht. Wenn sie es nicht von ihm fordern, fragt es vielleicht irgendwann sogar, ob es das auch einmal tun darf.

So gehen viele Eltern bewußt oder auch unbewußt davon aus, ein Kind würde nicht gern in seinem Bettchen schlafen. Ja, es würde überhaupt nicht gern schlafen. Es stimmt, daß Kindern das Loslassen des Tages, seiner

Spielsachen und Spiele und vor allem der Eltern schwerfällt. Andererseits haben Kinder wie Erwachsene nach einem ausgefüllten, befriedigenden Tag mit ausreichend Aktivität und Bewegung wirklich das Bedürfnis nach Ruhe. Eine Vierjährige, die es gewohnt war, daß ihr die Mutter abends vorm Schlafen noch eine kleine Geschichte vorlas, meinte nach einem besonders mit Spielen und Abenteuern angefüllten Tag, sie wolle diesmal lieber gleich schlafen – ohne Geschichte. Noch bevor ihre Mutter das Licht ausgemacht hatte, schlief sie fest.

Wenn Kleinkinder nicht schlafen wollen, war die Tagesaktivität entweder nicht ausreichend und vielfältig genug, war der Abend (zum Beispiel vor dem Fernseher) zu aufregend oder haben sie irgendwelche Sorgen und Ängste, die sie daran hindern, den Schlaf kommen zu lassen. Eltern können diese Ursachen meist selber herausfinden und Abhilfe schaffen. Wenn es ihnen nicht gelingt, sollten sie sich von ihrem Kinderarzt und möglicherweise einem Kinderpsychologen beraten lassen.

Ein gesundes Kind in einer harmonischen Familie muß schlafen nicht »lernen«. Schlafrhythmen auszubilden ist eine natürliche, sozusagen vorprogrammierte Entwicklung. Ein Neugeborenes hat noch keine ausgeprägten Schlafmuster und keinen Tiefschlaf. Es hat aber schon Phasen ruhigeren oder aktiveren Schlafs. Ganz von allein bilden sich dann in den nächsten Wochen, Monaten und Jahren die endgültigen Schlafzyklen mit zwei oder drei ausgedehnten Tiefschlafphasen zu Beginn der Nacht heraus. Der Schlaf eines jüngeren Babys ist darum nicht schlechter: Er ist anders, seiner Entwicklung und seinen Bedürfnissen entsprechend. Wir können und sollten da nicht mit Erziehungsmaßnahmen eingreifen.

Kleinkinder haben schon ein Schlafmuster, das dem der Erwachsenen ähnelt. Trotzdem weist ihr Schlaf noch einige Besonderheiten auf, die wir kennen sollten, um sie besser zu verstehen. Sie träumen viel, aber noch anders als Erwachsene, das heißt noch nicht in so langen, ausgearbeiteten Szenerien. Sie haben oft Alpträume – während der leichteren, der REM-Schlafphasen. Ihre Träume sind mehr von kürzeren, oft heftigen affektiven Erlebnissen geprägt, die sie nachts verarbeiten. Wenn ein Kind aus einem beängstigenden Traum aufwacht, genügt es meist, es kurz aufzunehmen und zu beruhigen, ihm zu zeigen, daß alles in Ordnung und wie immer ist.

Viele Kinder schlafwandeln oder schrecken nachts mit einem Schrei auf. Beides geschieht im Tiefschlaf. Sie können sich morgens an nichts erinnern. Schlafwandeln und Nachtschreck müssen Eltern nicht beunruhigen, solange sie nicht über das 13. Lebensjahr hinaus andauern.

Manchmal wagen es Kinder noch mit vier oder fünf Jahren nicht, abends einzuschlafen, aus Angst, sie könnten sich einnässen. Auch wenn sie tagsüber die Blasenfunktionen schon gut beherrschen, klappt es nachts nicht immer. Viele sagen dann von selber, daß sie zum Schlafen lieber noch Windeln hätten. Falls sie es doch »ohne« probieren wollen, mag es ein-, zweimal gutgehen. Wenn sie sich dann in der nächsten Nacht doch naßmachen, sollten die Eltern dies weder für sich noch für das Kind als Niederlage betrachten. Sie sollten es ermutigen und beruhigen, daß alles sich ganz von selber einspielen wird. Es darf sich auf keinen Fall schuldig fühlen. Erklären Sie ihm, daß alle Erwachsenen und großen Kindern auch einmal Schwierigkeiten damit hatten und daß sie es schließlich alle geschafft haben.

Wenn Sie dem Kind bei seinem eigenen Wunsch nachts trocken zu bleiben, helfen wollen, stellen Sie ihm ein Töpfchen neben das Bett, und wecken Sie es abends, wenn Sie selber zu Bett gehen, noch einmal, damit es aufs Töpfchen geht, ebenso vielleicht frühmorgens.

Und noch eines gilt es zu bedenken, wenn Kinder abends nicht schlafen wollen oder können: Haben sie vielleicht am Tag zuviel geschlafen? Kinder brauchen tagsüber Ruhepausen, aber nicht alle müssen unbedingt schlafen. In keinem Fall sollte man sie nachmittags stundenlang schlafen lassen, wenn sie nachts Schlafprobleme haben. Wie gesagt, die meisten Eltern überschätzen nach den Beobachtungen von Wissenschaftlern das Schlafbedürfnis ihrer Kinder, viele respektieren dagegen kaum den individuellen Rhythmus der Kinder.

Selbstverständlich sollte sein, daß das Bett und der Schlaf niemals mit dem Thema Strafe verbunden werden. Immer wieder hört man leider von Eltern den Satz: »Wenn du jetzt nicht sofort aufhörst und artig bist, kommst du ins Bett!« Eltern zeigen damit nur, daß sie mit ihrem Latein am Ende sind. Alles, was sie erreichen, ist, daß zu dem Verhalten, das sie gern unterbinden möchten, noch ein anderes viel schwerwiegenderes Problem hinzukommt: Daß ihre Kinder nicht mehr ins Bett wollen. Wer kann es ihnen verübeln, wenn es als Strafe und nicht mehr als Wohltat gilt?

»Was können wir tun, wenn unser Kleinkind nicht einschlafen kann oder will und immer wieder aufsteht?«

Da Eltern und Kind, wenn diese Frage auftaucht, sich meist bereits in einem Teufelskreis bewegen, hilft jetzt ein ganz praktisches Vorgehen am besten. Vorab sollten Sie klären, ob das Kind eine von Ihnen bisher unbeachtete Angst vor der Nacht und dem Alleinsein hat. Wenn die Eltern dies ausschließen können und zu dem Schluß gekommen sind, das Kind sollte nun nicht mehr jeden Abend herumgeistern, können sie ihn unverzüglich in die Tat umsetzen. Ich halte die von dem amerikanischen Kinderschlafspezialisten Ferber entwickelte Methode aus verschiedenen Gründen für empfehlenswert: Erstens zeigte sie auch in Deutschland in der Variante der Psychologin Annette Kast-Zahn und des Kinderarztes Hartmut Morgenroth ausgezeichnete und überraschend schnelle Erfolge. Zweitens stellt sie die Eltern nicht jeden Abend erneut vor grundlegende Erziehungsfragen und Gewissenskonflikte, die sie in solchen Kleinkrisen ohnehin nicht lösen können. Drittens kommt bei den Kindern keine Angst auf. Und viertens ist sie relativ einfach zu befolgen.

Die Eltern bringen ihr Kind nach der gewohnten Abendzeremonie mit Waschen, Zähneputzen, Gutenachtsagen usw. ins Bett. Sie erklären ihm fest und entschlossen: »Bleib jetzt in deinem Bett, dann lassen wir die Tür offen.«

Jedesmal, wenn das Kind nun aufsteht und herauskommt, bringt die Mutter oder der Vater es sofort wieder ins Bett und schließt die Tür – auch gleich beim ersten Aufstehen des Kindes.

Die Mutter wartet nun genau eine Minute, bevor sie wieder kurz zu dem Kind hineingeht. Dann schaut sie nach zwei Minuten nach dem Kind. Das nächste Mal nach drei Minuten. Sie bleibt nun bei diesem Dreiminutenrhythmus, bis das Kind wirklich in seinem Bett bleibt.

Jedesmal, wenn die Mutter das Kind zurück ins Bett bringt, sollte sie sich *entschlossen, aber nicht böse oder strafend* verhalten. Sie muß einfach fest bleiben.

Am zweiten Abend wird alles ähnlich gemacht, nur daß das erste Warten der Mutter vor der Tür zwei Minuten beträgt und sie dann gleich zum Dreiminutenrhythmus übergeht.

Vom dritten Tag an geht sie von Anfang bis Ende alle drei Minuten hinein.

Das Kind lernt sehr schnell, daß es sich auf seine Mutter verlassen kann, es fühlt sich nicht allein, denn es weiß ja, sie wird wieder hereinkommen.

Die Mutter erklärt ihm jedesmal mit der gleichen Entschlossenheit: »Bleib im Bett, dann lasse ich die Tür offen.«

»Müssen wir unser Kind früh zu einem ›vernünftigen‹ Tagesrhythmus erziehen?«

Eigentlich nicht. Jedenfalls dann nicht, wenn das Kind in einem einigermaßen harmonischen Umfeld aufwächst, in dem alle Familienmitglieder in einem ziemlich regelmäßigen natürlichen Rhythmus leben.

Nicht nur Kinder, alle Lebewesen auf dieser Welt finden von ganz allein ihren »richtigen« biologischen Rhythmus. Dieser hängt besonders stark vom Wechsel zwischen Licht und Dunkel ab. Nicht nur der Schlaf wird davon reguliert, sondern tausend andere, uns teilweise gar nicht bewußte Abläufe. Für uns erkennbar richtet sich zum Beispiel unsere Körpertemperatur nach dem Tagesablauf. Sie steigt morgens stark an – dann können wir nicht mehr schlafen – und sinkt abends gegen 22 Uhr schnell ab –, dann werden wir müde. Licht und Dunkelheit regeln auch unseren Appetit, unser Aktivitäts- und Ruhebedürfnis, unsere eher positive oder gelegentlich ein wenig depressive Stimmung.

Alle diese Vorgänge greifen mit vielen anderen kaum wahrnehmbaren, wie Hormonausschüttungen, Schmerzempfindlichkeit, Anfälligkeit für Infektionen zu ganz bestimmten Tageszeiten und schließlich dem Atem- und Herzrhythmus, ineinander. Das alles ist so fein abgestimmt, daß wir es niemals so gut machen könnten wie die Natur.

Ein Baby, das auf die Welt kommt, hat schon gewisse eigene Rhythmen im Mutterleib entwickelt. Jedoch brauchen sie nach der Geburt noch eine beträchtliche Entwicklungsarbeit. Die wirkliche Anpassung an den Tag- und Nachtwechsel findet erst von da an statt.

Der Schlaf ist nur einer und sicher einer der bedeutendsten dieser Rhythmen. Er läßt sich im Unterschied zu anderen biologischen Rhythmen ein wenig – aber wirklich nur ein wenig! – an äußere Notwendigkeiten wie unsere künstlich diktierten Arbeitszeiten anpassen. Das gilt auch für den Schlaf von Kindern.

Wir sollten jedoch bedenken, daß ein Neugeborenes noch nicht wie ein älteres Kind ausgeprägte Schlafrhythmen hat. Es verbringt noch die meiste Zeit im sogenannten REM-Schlaf (englisch: »Rapid Eye Movement« = schnelle Augenbewegung). Tiefschlafzyklen bilden sich erst nach und nach in den ersten Monaten und Jahren deutlich heraus. Ein Baby ist also viel dringender als jedes größere Kind und jeder Erwachsene darauf angewiesen, daß wir ihm möglichst natürliche Tagesabläufe bieten und es seine eigenen Rhythmen finden lassen. *Wir können und sollen nicht in die Vorgänge in seinem Gehirn eingreifen. Hier ist in den ersten Tagen und Wochen alles darauf ausgerichtet, sich fein zu regulieren.*

Das heißt nicht, daß wir nun dauernd Angst haben

müssen, diese Entwicklung zu stören oder etwas falsch zu machen. Auch dafür hat die Natur vorgesorgt. Das Baby paßt sich von Anfang an seinem familiären Umfeld sehr gut an, gewöhnt sich bis zu einem gewissen Grad an Geräusche, Stimmen, Gerüche und Lichtverhältnisse. Ja, es braucht sie sogar für seine Selbstregulation und arbeitet sie so gut in sein inneres Gleichgewicht ein, daß es seinen Rhythmus und seinen Schlaf leichter findet, wenn all dies Vertraute vorhanden ist, ihm Anhaltspunkte gibt. Das Baby schläft in seinem normalen familiären Umfeld mit allen Geräuschen, Stimmen und sanftem Licht wie eingehüllt in eine warme, Sicherheit und Schutz vermittelnde Decke. Also bitte nicht auf Zehenspitzen herumgehen, nicht flüstern und nicht totale Dunkelheit für das Baby schaffen!

»Warum schreit unser Baby?«

Ein Kind, das aus dem warmen, schützenden, nährenden Leib der Mutter kommt, braucht von ihr nun auch draußen sofort Wärme, Schutz, Nahrung und Zärtlichkeit, sonst kann es nicht überleben. Es will fühlen, daß es geboren, aber nicht ausgestoßen ist. Da es unreifer und noch viel hilfloser auf die Welt kommt als jedes Säugetierbaby, hat die Natur ihm zum Schutz die Fähigkeit zu schreien mitgegeben. Denn jede Mutter reagiert auf das Schreien ihres Babys. Sie kennt seine Stimme und Art zu schreien schon bald nach der Geburt (manchmal nach zwei, manchmal nach drei bis fünf Nächten) aus einem ganzen Konzert schreiender Babys heraus.

Babys, vor allem Neugeborene schreien also zunächst, um die Bindung zur Mutter oder einer anderen für sie sorgenden Person aufrechtzuerhalten und zu stärken. Sie erreichen so, daß ihre Mütter sie nicht vergessen. Ihr Schreien heißt zuallererst: »Bitte, Mama, bleib in meiner Nähe, beschütze mich und schau nach, ob mir etwas fehlt. Vergewissere dich, daß alles in Ordnung ist.«

Schreien ist also eins der ersten Kommunikationsmittel, wie Mimik, Lächeln und Anblicken, wie Körpersprache und später andere Laute und Sprache. Mit diesem einfachen Signal, das schon bald ganz verschiedene »Färbungen« bekommt, drückt das Baby unterschiedliche Bedürfnisse und Wünsche aus: Mir ist kalt, ich habe Hunger, mir tut etwas weh, ich fühle mich nicht wohl, du fehlst mir, ich bin so allein, ich möchte ein bißchen Zwiesprache, ich möchte spielen und lernen.

Eltern, die ausreichend Zeit mit ihrem Kind verbringen, lernen ganz schnell, aus der Art des Schreiens die einzelnen Wünsche oder auch eine Notsituation zu verstehen. Sie nutzen dazu meist ganz unbewußt noch eine Reihe anderer Informationen: Hat das Baby gerade getrunken? Dann ist es also nicht hungrig. Krampft es sich zusammen? Dann hat es vielleicht Bauchschmerzen. Konnte es schon lange nicht einschlafen? Dann ist es vielleicht überreizt. Ist es gerade aus dem Schlaf aufgeschreckt? Ist es lange allein gewesen? Ist die Windel trocken? Ist ihm vielleicht zu warm?

Fast alle Eltern wissen heute, daß Babys nicht schreien, um ihre Lungen zu stärken. *Nicht alle wissen jedoch, daß ein Baby niemals schreit, weil es seine Eltern manipulieren will.* Manche Mütter und Väter haben in der Tat die Vorstellung, ihr wenige Tage, Wochen oder Monate altes Kind schreie ohne irgendeinen Grund, einfach nur, um seinen Willen durchzusetzen. Da zeige sich bereits der kleine Tyrann.

Falsch! Ein Baby ist zu solch hinterhältigem Kalkül überhaupt nicht fähig. Wenn es schreit oder weint, drückt es damit ein gewisses Unwohlsein aus. Sein häufiger Wunsch nach Geselligkeit ist ein wichtiges menschliches Bedürfnis. Wie soll es zu einem sozialen Wesen werden – wenn nicht in Gesellschaft und in der Kommunikation mit anderen, älteren Menschen? Es will also nicht nur beschäftigt werden. Sein ganzes Wesen ist auf einen aktiven Austausch, auf ein Zusammenspiel mit dem Verhalten und den Handlungen vor allem der Eltern angelegt.

In bestimmten Phasen der Entwicklung schreien Babys mehr oder weniger – oder fast gar nicht. Die niederländischen Psychobiologen Hetty van de Rijt und Frans Plooj von der Universität Amsterdam beobachteten über Jahre hinweg Babys in ihrem alltäglichen Verhalten zu Hause.* Sie wählten nur gesunde Babys aus, die mit beiden Eltern zusammenlebten. Bei diesen Beobachtungen ergaben sich erstaunlich präzise Übereinstimmungen in den schwierigeren und leichteren Phasen.

Es zeigte sich, daß Entwicklungsschübe oft eine Art Krisensituation beim Kind auslösen, in denen es sich häufiger als sonst an die Mutter klammert und viel weint. Die Amsterdamer Forscher stellten fest, daß solche Krisen mit häufigem Weinen im ersten Lebensjahr vorwiegend auftreten: um die 5., 8. und 9., die 12., die 15. bis 19., die 23. bis 26., die 34. bis 37., die 42. bis 46. und die 51. Woche herum. In diesen Zeiten scheinen Babys mit bestimmten neuerworbenen Fähigkeiten nicht zurechtzukommen.

* H. van de Rijt/Frans X, Plooj, »Oje, ich wachse«, Goldmann Verlag

Ihre Entwicklung verläuft ja nicht in allen Bereichen synchron. So paßt sich manche neue Errungenschaft noch nicht in das ein, was sie auf anderen Gebieten schon können. Das Baby möchte dann oft etwas tun, was ihm noch nicht gelingt. Nichts scheint richtig zu klappen. Es fühlt sich unwohl in dieser unausgeglichenen Situation. Nach und nach bekommen jedoch die neuen Fähigkeiten durch unermüdliches Probieren, Wiederholen und Einüben eine andere, bessere Qualität und ordnen sich besser ein. Dann erlebt das Kind eine Phase der Harmonie.

In den schwierigen Situationen seiner »Entwicklungsarbeit« braucht ein Baby darum die Hilfe seiner Eltern. Das heißt nicht, daß sie etwas an seiner Stelle tun, ihm alles aus der Hand nehmen und es selber machen sollen, sondern daß sie ihm Dinge zeigen, daß sie es ermutigen und trösten.

Niemals ist es sinnvoll, ein Baby einfach schreien zu lassen. Es gerät dabei in einen psychischen und körperlichen Streß, gefolgt von Erschöpfung, die seiner seelischen und körperlichen Gesundheit schaden.

Nicht vergessen: Babys haben noch kein Zeitgefühl wie ältere Kinder. Zwei Minuten, in denen man sie schreien läßt, können ihnen darum endlos lang erscheinen – vor allem, wenn sie sich aus irgendeinem Grund unwohl fühlen.

»Wie sollen wir reagieren, wenn unser Kind schreit?«

Am besten, indem Sie Ihrem ganz spontanen Gefühl folgen. Und das sagt Ihnen fast immer: möglichst prompt. Das Baby macht dabei nämlich eine für sein weiteres Leben und sein weiteres Verhalten wichtige Erfahrung. Sie heißt: Ich kann etwas bewirken. Und: Auf meine Eltern ist Verlaß.

Tatsächlich schreien Babys manchmal vielleicht nur, um auszuprobieren, ob ihr Bindungssignal noch funktioniert. Wenn sie sich dessen nicht sicher sind, fühlen sie sich nämlich auch nicht wohl. Sie müssen sich also hin und wieder rückversichern. In diesem Entwicklungsstadium ist das eine wirklich positive Leistung – kein Ausdruck früher Verwöhntheit und Tyrannei. Denn eine der wichtigsten Erfahrungen des Babys am Lebensanfang ist, daß es sich auf seine Eltern verlassen kann und daß sie in ihren Reaktionen *vorhersehbar* sind. So entsteht Vertrauen in diese Menschen, aber auch Vertrauen in sich selber. Das Kind erfährt etwas ganz Bedeutendes, wenn die Mutter oder der Vater auf sein Schreien hin erscheint. Es lernt: Ich bin kein hilfloses Bündel. Wenn ich Laut gebe, passiert etwas. Etwas, das ich erwarten und vorhersehen kann. Ich kann mit meinem Schreien jemand herbeischaffen. Das ist kein tyrannisches Kalkül, sondern eine lebenswichtige Erfahrung.

Wenn alles wiederholt so abläuft und die Eltern prompt reagieren, lernt das Baby auch, daß es sich gar nicht mehr die Lunge aus dem Hals zu schreien braucht, es moduliert seine Laute und geht nach und nach zu feineren Ausdrucksmitteln über. Kinder, deren Eltern zu langsam oder gar nicht auf Schreien reagieren, resignieren entweder und lernen nie, ihre Bedürfnisse und Wünsche angemessen auszudrücken (weil es ja keinen Sinn hat), oder sie bleiben Schreihälse, das heißt, sie lernen auch später nicht, sich genauer und feiner auszudrücken. Sie werden dann vermutlich auch später grobe Kommunikationssignale benutzen: Anschreien und Kommandieren.

Wenn die Eltern jedoch angemessen reagieren, ist das

Baby schon bald motiviert, sich mit weniger drastischen Mitteln auszudrücken, es lernt sein Schreien abzustufen, verschieden zu gestalten und lautliche Signale zu entwickeln. So gesehen, ist das Ganze eine Vorübung zur Sprache. Sie entwickelt sich wie von selbst. Denn, o Wunder, die Mutter hat ganz richtig erkannt, ob das Baby friert, Hunger hat oder spielen will. Das Vertrauen des Babys in seine Fähigkeiten, seine frühen Kompetenzen, wird genauso gefestigt wie das Vertrauen in die nahezu unbegrenzten Fähigkeiten seiner Eltern. Sie verstehen ja sogar Wünsche, die es selber noch nicht genau kennt.

Das Baby zeigt, daß es sich wieder wohl fühlt, wenn seine Eltern den Grund für sein Schreien oder Weinen herausgefunden haben und Abhilfe schaffen. Dann drükken der ganze Körper, die Mimik, kleine Laute eine wohlige Entspanntheit oder erneut wache Fröhlichkeit aus. Nichts ist für Eltern so befriedigend wie diese Belohnung.

Beide Seiten haben etwas gelernt. Das Baby, daß es sich auf die Wirksamkeit seiner Signale und auf Mama und Papa verlassen kann. Die Mutter oder der Vater ihrerseits haben auch etwas gelernt: nämlich, daß sie gute Eltern sind.

»Ist unser Kind ein Schreibaby?«

15 Prozent aller Kinder schreien in den ersten drei Monaten mehr als drei Stunden täglich. Diejenigen, die das an mindestens drei Tagen in der Woche über mehr als drei Wochen hinweg tun, bezeichnet man als »Schreibabys«.

Viele beginnen am frühen Abend und schreien manchmal bis zu fünf oder sieben Stunden lang. Und sie tun es sogar oft noch, wenn sie auf dem Arm herumgetragen werden. Am Tag machen sie nur kleine Nickerchen. Ihnen fehlt der erholsame Nachtschlaf, und meist sind sie völlig überreizt.

Die betroffenen Eltern fühlen sich nicht mehr »belohnt«, wenn sie herauszufinden versuchen, was ihrem Baby fehlt. Im Gegenteil: Sie geraten in einen ungeheu-

ren Streß. Denn nichts anderes ist es, wenn wir erleben, daß unser Kind jämmerlich um Hilfe schreit und wir ihm nicht helfen können. Die Mütter selber kommen nicht mehr zur Ruhe. Ihre ständige Angst vor dem Schreien macht sie verspannt und gereizt. Und dies wiederum überträgt sich auf das Baby, das sie im Arm halten. Da ist oft die erste und beste Hilfe für beide, daß jemand anderes, der entspannter ist, das Kind auf den Arm nimmt.

Die betroffenen Eltern fühlen sich oft auch schon entlastet, wenn sie erfahren, daß nicht sie »schuld« sind. Zu 60 Prozent liegen nämlich die Gründe für das exzessive Schreien schon in der Schwangerschaft bzw. bei einer Reihe von biologischen und psychosozialen Risikofaktoren.

Die wichtigsten sind:
- alle möglichen körperlichen Probleme, die Mutter und Kind betreffen,
- seelisch und sozial schwer zu verkraftende Situationen, zum Beispiel, wenn eine Mutter ganz allein ist, oder wenn sie bei ihrem Partner keine Geborgenheit findet, wenn es ständig Streit gibt, wenn große materielle oder andere Sorgen die Eltern belasten.
- Hinzu kommen Komplikationen bei der Geburt. Ein Drittel der Kinder weist neurologische Störungen auf. Meist verschwinden diese jedoch später wieder.
- Manchmal sind auch Infekte, Herzfehler oder Magen-Darm-Erkrankungen die Ursache.

- Die häufigsten Gründe sind Ernährungs- und Verdauungsprobleme, schmerzhafte Koliken und Schlafschwierigkeiten.

Bis vor einigen Jahren führte man das Schreien vorwiegend auf »Nabelkoliken« zurück. Heute weiß man es besser. Kinderärzte und Wissenschaftler haben entdeckt, *daß fast alle hier genannten Störungen im Zusammenhang mit der Unreife des kindlichen Nervensystems stehen.*

»Wie können wir unserem Schreibaby helfen?«

Bei Naturvölkern, wo Säuglinge den ganzen Tag und die ganze Nacht in engem Körperkontakt mit ihrer Mutter oder einer anderen fürsorglichen Person leben, gibt es das Phänomen der Schreibabys nicht. Überhaupt schreien hier Kinder niemals länger als zwei, allerhöchstens vier Minuten. *Der Umgang mit Babys scheint dort dem Entwicklungsstand ihres Nervensystems genau angepaßt.*

Also könnten wir von diesen Völkern lernen und es ihnen nachmachen, indem wir immer gleich mit Trösten, Helfen, Streicheln oder die Brustgeben reagieren? Ja und nein. So einfach ist es nicht. Denn das gesamte soziale und traditionelle Umfeld, in dem diese Naturvölker leben und das es diesen Müttern überhaupt ermöglicht, *so zu sein,* das den Kindern viel mehr Ruhe und Ausgeglichenheit bietet, ist bei uns anders. Unsere Mütter sind nicht schlechter als die Mütter auf irgendwelchen Südseeinseln. Nur leben Kinder und Mütter bei uns nicht in einem Umfeld, für das sie in einer jahrtausendelangen Entwicklungsgeschichte vorbereitet wurden. Die Beziehung zwischen Mutter und Kind, vor allem ganz am Lebensanfang, kann die Folgen der technologischen Entwicklung unserer modernen Zivilisation nicht immer verkraften.

In keinem Land, in dem ich Gelegenheit hatte, Kinder und Jugendliche und ihre Eltern zu beobachten, hörte ich so häufig das Wort »Streß« oder »Ich bin voll im Streß« wie in Deutschland – nicht nur von Berufstätigen, sondern auch von Schülern und Studenten.

In ihrer Verzweiflung greifen die Eltern von Schreibabys nach jedem Strohhalm, das heißt nach jedem Ruhe versprechende Rat. Nur, daß die meisten dieser Ratschläge selber schon alle Zivilisationsverbildungen aufweisen, an denen die Beziehung zwischen Eltern und Baby heute leidet. Manche sind vernünftig. Sie versuchen, die Kluft zwischen Natur und Kultur zu überbrücken. Andere sind einfach schlecht und laufen allenfalls auf eine Dressur des Kindes hinaus, die vielleicht für einen Pudel geeignet wäre.

Eltern, die durch das Schreien und ihre eigene Hilflosigkeit in dieser Situation verwirrt sind, sollten darum lieber bei Fachleuten Rat suchen – und zwar möglichst bevor sie an den Rand der Erschöpfung geraten. Die erste Adresse ist selbstverständlich der Kinderarzt. Er kann, wenn nötig, die Familie an das nächste Kinderzentrum (kinderneurologische, sozial-pachiatrische Zentrum oder Zentrum für Kindesentwicklung) überweisen. Solche Zentren gibt es in mehreren deutschen Großstädten, zum Beispiel in Hamburg, Mainz und München.

Im Münchner Kinderzentrum gibt es sogar eine speziell für diese Eltern eingerichtete »Schreisprechstunde«. Die Psychobiologin Mechthild Papoušek hat sie eingerichtet. Ihre Erfahrung zeigt, daß manchmal schon wenige Sitzungen genügen, um den Eltern ihr Selbstvertrauen zurückzugeben. Sie können dann wieder intuitiver handeln, das heißt mehr ihrem Instinkt folgen. Die familiäre Situation entspannt sich.

Zuallererst müssen alle begleitenden Symptome ernst genommen werden. Ein Arzt muß also in einer sorgfältigen Untersuchung eine akute oder chronische Erkrankung ausschließen und die bereits erwähnten Risikofaktoren herausfinden.

Medikamente helfen in dieser Situation meist nicht, im Gegenteil. Beruhigungs- und Schlafmittel erzeugen nicht nur Gewöhnung, sie beeinträchtigen auch die Entwicklung der biologischen Rhythmen des Babys. Und gerade damit hat es ja Schwierigkeiten gegeben. Seine Anpassung an die Welt außerhalb des Mutterleibs verläuft nicht harmonisch. Medikamente stören da noch zusätzlich die gesamte Selbstregulation, die das Baby jetzt finden muß.

Wirksamer ist es, alles zu unternehmen, was der Mutter Entspannung verschafft. Die Gespräche im Kinderzentrum helfen ihr dabei. Sie fühlt sich ernst genommen. Ihr Partner versteht nun besser, was für eine unschätzbare Hilfe er dabei leisten kann: Direkt, indem er einen Teil der ermüdenden Fürsorge für das Baby übernimmt, und indirekt, indem er die Mutter unterstützt und ermutigt. Vielen wird in diesen Sprechstunden klar, daß nicht sie es sind, die versagen, sondern ihre Umwelt. Sie verlangt von ihnen eine zu unnatürliche Lebensweise.

Den meisten jungen Eltern (nicht nur denen mit Schreibabys) helfen auch Elterngruppen wie die des PEKIP (Prager Eltern-Kind-Programm). Es gibt sie in der ganzen Bundesrepublik. Hier treffen sich Eltern regelmäßig während des ganzen ersten Lebensjahrs ihres Babys. Sie werden von Fachleuten betreut, aber man versucht nicht, ihnen etwas »beizubringen«. Sie haben vielmehr Gelegenheit, ihre eigene Intuition im Umgang mit ihren Kindern zu entfalten. Sie lernen, ihr mehr zu vertrauen. Und sie haben einfach Spaß miteinander. Der Austausch mit anderen Eltern, die Beobachtung der anderen mit ihren Kindern, die Möglichkeit, ihre Sorgen mit den Gruppenbetreuern zu besprechen, bedeuten eine ungeheure Entlastung. Teufelskreise in der Eltern-Kind-Beziehung entstehen so erst gar nicht. Wichtig: Man muß sich möglichst schon während der Schwangerschaft für diese Kurse anmelden. Auskünfte bekommen Eltern über Krankenkassen oder das Rote Kreuz.

Die Kosten für alle diese hilfreichen Einrichtungen übernehmen häufig die Kassen.

Als wichtigste praktische Regel hat sich aus den Erfahrungen der Fachleute (vor allem von Mechthild Papousek) ergeben:

Auf Schreien sollten Eltern möglichst prompt reagieren.

- Erstens ist das einfach biologisch sinnvoll, denn die Mutter (oder der Vater) beantwortet damit ein Alarm-, ein Notsignal.
- Zweitens ist es dann leichter, gleich anfangs herauszufinden, *warum* das Kind schreit.
- Drittens gerät das Baby auf diese Weise gar nicht erst in einen unauflösbaren Erregungszustand.
- Viertens läßt es sich darum auch leichter beruhigen. Das geht am besten bis zu anderthalb Minuten nach dem Schreibeginn.
- Fünftens kann das Baby danach besser einschlafen, als wenn es durch die Erregung völlig erschöpft ist. Und es wird, falls es gar nicht müde ist, auch viel leichter wieder offen für Vergnügen oder ein Zwiegespräch mit der Mutter sein.

Während des ersten Lebensjahrs ist promptes Reagieren auf Schreien also das wirksamste Mittel. Dadurch werden die Schreiphasen fast immer kürzer und seltener.

Die meisten Babys reagieren positiv, wenn die Mutter oder der Vater sie aufnehmen, an die Schulter legen und herumtragen. Nur in wenigen Fällen bedeutet es eine Überreizung für das Kind, nämlich dann, wenn es bereits extrem übermüdet ist. Wiegen oder Spazierenfahren können dann noch helfen.

Manchmal schreit ein Kind nachts plötzlich. Wenn die Mutter es dann aufnimmt, wird es dadurch oft erst wirklich wach. Darum ist es besser, in dieser besonderen Situation erst einmal kurz abzuwarten. Vielleicht beruhigt sich das Kind nach ein wenig Weinen schnell von selbst wieder und wacht erst gar nicht richtig auf.

»Warum kommen wir mit diesem Kind
überhaupt nicht klar?«

Viele Eltern erleben das: Mit einem Kind geht alles wie von selbst, es ist leicht zu leiten, es ist gerade so ruhig oder aktiv, wie es sich die Mutter und der Vater wünschen. Die Eltern fühlen sich kompetent. Ihr Kind bestätigt ihnen in tausend kleinen alltäglichen Situationen, daß sie es richtig machen, daß sie »gute« Eltern sind.

Nun ist da plötzlich dieser kleine Neuankömmling, und alle Erfahrungen mit dem ersten Kind scheinen hinfällig. Alles ist anders. Wo das andere ruhig und ausgeglichen war, ist dieses unruhig, zappelig und ungeduldig, wo sich das andere »vernünftig« in sein Spiel vertiefte und schnell lernte, Gefahren zu meiden, scheint dieses nur darauf versessen, immer etwas Neues zu unternehmen und alle denkbaren Gefahren geradezu herauszufordern und zu suchen. Es scheint alles ganz besonders intensiv zu erleben und begierig, Unbekanntes zu erkunden. Fremde gucken oft vorwurfsvoll auf die Eltern, wenn diese angeblich nicht energisch genug reagieren.

Vielleicht ist Ihr Kind aber auch schon beim Aufstehen morgens grantig, weint oder protestiert bei allem und jedem, im Kindergarten braucht es lange, bis es sich mit irgendeinem Spiel oder einem anderen Kind anfreundet oder sich auch nur dafür interessiert. Bei jeder ungewohnten Situation klammert es sich an Sie oder hält sich an Ihrer Hand fest und läßt sich nicht leicht für etwas Neues erwärmen. Es kreischt wie am Spieß, wenn Sie ihm ein neues Kleid oder neue Schuhe anprobieren wollen und noch viel mehr, wenn es sich vom Arzt untersuchen lassen soll.

Wie auch immer, die Eltern haben mit diesem Kind nach und nach das Gefühl, überhaupt nichts mehr richtig zu machen.

Vielleicht beruhigt es Sie, zu erfahren, daß Sie keineswegs unfähig sind und daß Ihr Kind nicht unbedingt zu den etwa vier Prozent der »schwierigen« zählen muß. Im ersten Beispiel mag es sich um einen besonders aktiven Welteroberer handeln. Eltern, die zufällig ein ähnliches Temperament haben, erleben das dann als völlig in Ordnung. Ihr Kind entspricht einfach ihrer eigenen Art, mit Situationen und Menschen umzugehen. Das zweite Beispiel beschreibt dagegen ein Kind mit einem besonders vorsichtigen, langsamen Temperament. Es braucht seine Zeit, bis es mit irgend etwas, sei es Menschen, Situationen oder Spielen, »warm« wird. Mütter und Väter, die sich ähnlich verhalten oder die selber ganz gern eine gewisse Zurückhaltung bewahren und »in Ruhe gelassen« werden, sind auch über dieses Kind nicht verwundert. Es handelt und benimmt sich ja ihrem eigenen Temperament entsprechend.

Tatsächlich haben Kinder, schon wenn sie zur Welt kommen, unterschiedliche Temperamente. Meist trifft es sich so, daß sie darin zumindest entweder dem Vater oder der Mutter ähneln. Manchmal aber scheint es überhaupt keine Übereinstimmung im Temperament zu geben. Völlig entgegengesetzte Charaktere prallen aufeinander. Beide Seiten haben es dann wirklich schwer miteinander, ohne etwas dafürzukönnen.

Für die Eltern wird es häufig im Laufe der folgenden Jahre leichter, weil die besonders aktiven Kinder mit zunehmender Reife, und vor allem wenn sie beginnen zu sprechen und sich auszudrücken, leichter mit ihrem eigenen Temperament umgehen können. Sie geraten nicht mehr so oft in Wut, denn die Diskrepanz zwischen ihren

Wünschen und Absichten einerseits und ihren Fähigkeiten andererseits hat sich verringert. Für ein Kleinkind, das gerade erst eine gewisse Selbstkontrolle gewinnt und viele seiner Verhaltensweisen und Reaktionen noch nicht beherrscht, ist es besonders schwer zu akzeptieren, daß es mit seinem Unternehmungsdrang seinen realen Möglichkeiten weit voraus ist.

Mit den »langsameren« Kindern, die sich in neuen Situationen skeptisch und abwehrend zurückhalten, wird es leichter, wenn die Eltern verstehen, daß sie sie nicht zu drängeln brauchen. Sie kommen nämlich nach einer Weile von allein aus ihrer Reserve. Dann zeigt sich auch, daß diese Kinder häufig fälschlicherweise als ängstlich gelten. Ihr scheues Verhalten bedeutet nicht, daß ihnen Selbstvertrauen oder Vertrauen in ihre Eltern fehlt.

Sollte das Problem *nicht* einfach im Aufeinanderprallen ganz unterschiedlicher Temperamente bestehen, sollte das Kind tatsächlich ganz einfach »schwierig« sein, dann können Eltern sich damit trösten, daß gerade diese Kleinkinder häufig die »interessantesten« sind. Das meint zum Beispiel die erfahrene amerikanische Kinderspezialistin Alicia F. Lieberman. Sie bedauert, daß Erwachsene ihnen meist schlechtgelaunt und abwehrend begegnen, denn gerade diese Kinder verdienen unser Interesse, weil »ihre intensiven Gefühle und ein besonderes Gespür sie vieles wahrnehmen lassen, das andere Kleinkinder überhaupt nicht bemerken«.

Eltern kommen am besten mit diesen schwierigen Kindern zurecht, meint die Amerikanerin, wenn sie

- erstens das Verhalten der Kinder nicht persönlich nehmen,
- zweitens Sinn für Humor haben,
- drittens ihrem Kind gegenüber geduldig und aufmerksam bleiben,
- viertens eine klare Linie in ihrer Erziehung verfolgen und
- fünftens ausreichend Hilfe von außen – von Freunden, Verwandten, Kindergarten usw. – bekommen, um hin und wieder verschnaufen zu können.

Ich denke, am besten ist es, wenn Eltern gar nicht versuchen, ihr Kind in irgendeine Kategorie einzuordnen. Die Beispiele, die ich hier gegeben habe, sind *Modelle*. Sie können nur zu einem besseren Grundverständnis beitragen. In Wirklichkeit sind Kinder meist ein bißchen von diesem und ein bißchen von jenem, und außerdem ändert sich im Laufe der Entwicklung alles ständig.

Manche Eltern haben ein Wundermittel, um mit schwierigen Situationen, in denen nichts mehr geht, fertig zu werden. Ich habe es selber oft mit Erfolg ausprobiert. Es ist so einfach, daß es fast banal klingt: Versuchen Sie, sich aus Ihrer Elternrolle weg an die Stelle des Kindes zu versetzen – aber richtig, ehrlich. Indem Sie probieren, sich vorzustellen, wie es sich mit seinen beschränkten Ausdrucksmittel, seiner noch nicht reifen Selbstkontrolle, seinem Mangel an »Überblick«, wohl gerade fühlt. Vielleiht verstehen Sie dann, warum es einfach »streikt«. Eltern, die sich gelegentlich an die Stelle ihres Kindes versetzen können, fällt es leichter, Humor und Selbstvertrauen zu bewahren.

»Wir möchten unserem Kind alles geben, was es braucht. Wie können wir vermeiden, es dabei zu verwöhnen?«

Im ersten Lebensjahr besteht keine Gefahr, ein Kind zu verwöhnen. Wenn es auf die Welt kommt, ist das Baby noch ganz ein Naturwesen. Es ist darauf angewiesen, daß wir ihm viel Körpernähe und Zärtlichkeit geben und so oft wie möglich zu Zwiesprache und Spiel bereit sind. Wir können alle seine Bedürfnisse nach unserer Intuition, das heißt nach unserem Gefühl, erfüllen. Es geht nicht nur darum, daß seine körperlichen Bedürfnisse nach Essen, Sauberkeit und Wärme erfüllt werden. Ganz besonders wichtig ist, daß es sich von Anfang an geborgen fühlt. Es soll erfahren, daß wir sicher und zuverlässig auf seine Appelle reagieren. So lernt es, eine positive Erwartung – das heißt Vertrauen – in Menschen zu entwickeln und gleichzeitig auch auf sich selber zu vertrauen. Wir verwöhnen es damit nicht, sondern stellen entscheidende Weichen für seine spätere Entwicklung auf allen Gebieten. Mit dem Gefühl einer sicheren familiären Bindung geben Eltern ihrem Kind viel mehr, als sie ahnen.

Eltern machen es am besten, wenn sie weder Angst haben, ihr Kind zu verwöhnen, noch dauernd besorgt

sind, dem Kind könnte etwas fehlen. Wenn sie sich ihm liebevoll zuwenden, wenn sie ein wenig auf ihren Instinkt hören und sich von niemand dreinreden lassen, dann bieten sie ihrem Baby alles, was es braucht. Sie nehmen es spontan hoch, wenn es weint, und zerbrechen sich nicht lange den Kopf darüber, ob dies nun die »richtige« Erziehung ist. Sie können mit der Zeit unterscheiden, wann das Kind aus Hunger schreit und wann es ein bißchen Geselligkeit – Spiel oder Zwiesprache – braucht. Dann antworten Mütter und Väter in der genau angemessenen Weise auf ein Lächeln, ein Quengeln oder ein Jauchzen ihres Kindes. Sie wissen, wie aufmerksam es noch sein kann oder wie müde es schon ist. All das erkennen sie an tausend kleinen Anzeichen, die sie unbewußt wahrnehmen und für die sie ebenso feine Antennen haben wie das Baby für sie. Wenn sie weniger ihrem Gefühl und zu sehr ihrem Verstand folgen würden, könnten sie diese feinen

Signale nicht wahrnehmen und würden auch viel zu langsam reagieren. Außerdem wären sie schon nach ein paar Stunden völlig erschöpft.

Eine goldene Regel: Kinder, denen wir am Lebensanfang so viel Sicherheit und Geborgenheit wie nur möglich geben, werden später leichter selbständig und haben es im Kindergarten und in der Schule leichter. Sie können besser mit anderen umgehen, und sie lernen leichter.

»Wie und wann sollen wir nein sagen und Grenzen setzen?«

Wer zu seinem Kind »nein« sagt, muß zuerst einmal reichlich Gebrauch von »ja« gemacht haben. Ja ist die Grundlage für Nein. In einer Welt der Verbote und Entsagungen hat »nein« keinen Sinn mehr. Jedes Baby sollte zuerst einmal die Chance haben zu fühlen, daß da Eltern sind, die alle seine wichtigen Bedürfnisse erfüllen und die es spielen, entdecken, probieren lassen, die vieles mit ihm gemeinsam tun und es niemals im Stich lassen.

Das erste Nein, die ersten Neins sagen Eltern meist aus ganz praktischen Gründen – um das Kind vor einer Gefahr oder einem Schmerz zu schützen oder um es zu hindern, etwas zu zerstören. Sie handeln also nicht aufgrund irgendwelcher erzieherischer Vorsätze. Und das ist gut so.

Wenn sie zu sehr damit beschäftigt wären, es besonders gut zu machen, wenn sie vielleicht zu duldsam sind und nicht nein zu sagen wagen, weil sie unbedingt zeigen wollen, was für eine liebe Mama sie sind, benutzen sie ihr Nein möglicherweise an der falschen Stelle, zum Beispiel, wenn sie selber gerade – aus allerlei anderen Gründen – »genervt« sind. Das Kind kann dieses Nein nicht richtig verstehen. Es hat ja weniger mit seiner Handlung zu tun als mit der Mutter. So lernt es aus einer solchen Situation nichts.

Häufig geraten Mütter auch außer sich und schreien das Kind an, weil es angeblich »dummes Zeug« gemacht hat, in Wahrheit haben sie selber schuld, weil sie einfach unachtsam waren. Wenn sie zum Beispiel den Einkaufskorb auf dem Boden stehen lassen oder eine offene Tüte mit Mehl auf dem Tisch. Das Baby spielt dann vergnügt wie in der Sandkiste und hat viel Spaß. Die Mutter nicht. Viel unnötige Aufregung wie diese können Eltern sich einfach ersparen, indem sie ihre Wohnung kindersicher

und kindgerecht gestalten. Es dauert ja nicht ewig. Dann dürfen die kostbaren Vasen und scharfkantigen Glastische wieder herausgeholt werden.

Das »praktische« Nein dagegen wird auch ein wenige Monate altes Kind bald in Zusammenhang mit ganz bestimmten Dingen und Handlungen bringen, es ist sozusagen sachbezogen und leicht zu verstehen. Das Kind begreift schnell: »Dieses und etwas anderes, ähnliches, darf ich nicht tun.«

Wichtig ist jedoch, daß die Eltern sich wirklich im klaren darüber sind, was sie erlauben wollen und was nicht.

Trotzdem müssen manche Neins auch wieder aufgehoben werden, nämlich dann, wenn das Kind heranwächst und etwas, ohne Gefahr oder Schaden anzurichten, tun kann, das vorher nicht ging. Oder wenn Eltern einsehen, daß ihr Nein wirklich nicht sehr sinnvoll und allzu unbedacht war.

Die meisten Kinder, die in einem Familienklima der Zustimmung und Ermunterung, das heißt in einem »Ja-Klima« aufwachsen, möchten von sich aus den Eltern gefallen. Sie wissen, womit Mama einverstanden ist, sie möchten das Erlaubte. In einer Welt dagegen, in der das Nein von Anfang an überwiegt, scheinen alle Türen verschlossen. Das Kind möchte sie öffnen, um die Geheimnisse dahinter zu entdecken. Es möchte manchmal sogar Verbotenes tun, um besser zu verstehen. Ja, gelegentlich wiederholt es das sogar mehrmals – nicht, weil es ungezogen ist oder die Eltern ärgern will –, sondern weil es den Sinn des Verbots herausfinden möchte.

Später, wenn das Kind sprechen kann, wird es für Eltern leichter, denn sie können Erklärungen geben. Es wird aber auch gleichzeitig schwieriger, weil das Kind oft ganz anderer Meinung ist.

Auch bei älteren Kindern sollten Eltern Grenzen setzen, um zu zeigen, daß wir alle bestimmte soziale Spielregeln respektieren müssen. Väter können das oft besser.

Sie können rauhere Spiele spielen, in denen spielerisch Grenzen gesetzt werden. Sie können entschiedener nein sagen. Kinder, kleine wie größere, brauchen dieses Nein gelegentlich. Wir helfen ihnen damit, Halt zu finden, der ihnen leicht verlorengeht. Oft suchen sie unseren Widerstand geradezu. Die Größeren tun das beispielsweise mit provozierenden Handlungen oder Worten, die Kleineren, indem sie quengeln und auf den widersprüchlichsten Wünschen bestehen – nach dem Muster »Eis haben – nein, Kuchen – nein, kein Kuchen, Eis!«. Häufig geraten sie dabei völlig außer sich, weinen, schreien, strampeln trotzig oder werfen mit Gegenständen um sich. Jedes Verhalten eines Babys oder auch größeren Kindes ist eine Form von Sprache. Wenn wir uns auf das Kind einlassen, können wir diese Sprache verstehen. Vielleicht bedeutet sie nichts anderes als: »Mama, ich weiß nicht mehr ein noch aus. Bitte, hilf mir endlich!«

Wenn wir Grenzen setzen, etwas verbieten oder kurz und nachdrücklich nein sagen, bieten wir also meist etwas Positives an: eine feste Struktur, die verhindert, daß Chaos ausbricht. Ein Gefühl der Sicherheit.

Das stimmt jedoch nur, wenn die Grenzen, die wir setzen, wirklich notwendig sind, beispielsweise um das Kind, das an der Steckdose herumspielt, vor einer Gefahr zu schützen, die es weder kennt noch versteht, oder auch bei einem älteren Kind, um auszudrücken, daß bestimmte soziale Spielregeln notwendig sind. Es soll ja lernen, sich an das Gesetz der Achtung vor anderen Menschen zu halten.

Wenn Grenzen nicht wirklich erforderlich sind, findet ein Kind das schnell heraus. Es fühlt sich in seinem ihm angeborenen Autonomiestreben behindert. Nie sollten wir etwas verbieten, einfach weil *wir* gereizt oder wütend sind. Ebenso sollten wir nie strafen, schon *bevor* wir eindeutig ein Nein ausgesprochen und es einem älteren Kind auch erklärt haben.

»Ist unser Kind verwöhnt,
wenn es sich nicht lange
für ein neues Spielzeug interessiert?«

Ganz bestimmt nicht. Nur, oft entspricht unser eigenes Interesse für ein Spielzeug nicht dem des Kindes. Wir vergessen oft, daß kleine Kinder, und von ihnen ist hier die Rede, um so mehr mit einem Gegenstand anfangen können, je einfacher er ist. Darum können eine Garnrolle oder einige leere Joghurtbecher ihre Aufmerksamkeit viel länger fesseln als die elektrische Eisenbahn, die zwar den Vater stundenlang in Bann schlägt, mit der das Baby oder Kleinkind jedoch nicht umgehen kann. Kinder »arbeiten« sozusagen mit den banalen Dingen, die in jedem Haushalt abfallen oder da sind: allerlei Becher, Töpfe, Deckel, Kochlöffel, Papprӧhren, Kartons, Hocker… Sie stecken sie ineinander, nehmen sie auseinander, türmen sie auf, werfen sie um, lassen sie hinter einem Möbel verschwinden und holen sie wieder hervor. Sie schütteln sie, trommeln darauf, beißen hinein, begucken und betasten sie von allen Seiten, werfen sie runter – oft viele, viele Male hintereinander, bis sie der Sache, die sie gerade interessiert, auf den Grund gegangen sind.

Sie arbeiten sogar viel ernsthafter als wir mit all diesen

Objekten, denn sie leisten echte Forschungsarbeit. Ihre Eltern können wirklich stolz auf diese kleinen Wissenschaftler sein. Systematisch erkunden sie, was man mit einem Gegenstand oder mehreren alles machen kann und wie er beschaffen ist.

Am meisten finden sie dabei heraus, wenn sie zu mehreren sind. Denn dann beobachten sie sich untereinander. Hat das eine Kind eine neue Art und Weise entdeckt, einen Becher zu benutzen, probieren es gleich auch ein Spielgefährte und dann mehrere aus. Einer wandelt nun die Sache wieder ab, und schon ergibt sich etwas Neues. Imitation erleichtert das Erforschen. Manches geht eben gemeinsam einfach besser. Stellen Sie einmal einigen Kleinkindern einen großen Pappkarton hin. Sie werden staunen, was man damit alles machen kann. Draufsetzen, darauf trommeln, sich drin verstecken, ihn als Haus benutzen, hineinkriechen. Krabbelt eins hinein, folgen alle anderen nach, wie ein Rudel kleiner Füchse, die in ihren Bau kriechen. Dann wird der Karton umgekippt, und gemeinsam entdecken sie, daß da tausend Sachen hineinpassen. Vielleicht setzen sie sich selber hinein, und plötzlich ist er ein Auto, ein Zug oder gar ein Flugzeug. Besonders entzückt sind sie, wenn Mama oder Papa in ihr Phantasiespiel »einsteigen«.

Am besten spielen sie, ob allein oder zu mehreren, wenn man sie selber herausfinden läßt, was sie mit dem Krimskrams alles anfangen können. Besonderen Spaß hingegen macht es ihnen, wenn wir auf ihre »Benutzungsvorschläge« eingehen, wenn wir ihrer Phantasie folgen. Wenn wir in dem Garnrollenwauwau auch einen Hund erkennen und vielleicht sogar noch ein Kätzchen dazu finden. Vor allem sollten wir sie nicht hindern, Dinge ihrem Zweck zu entfremden. Ich habe einmal eine Mutter beobachtet, die ihrem Kind verbot, sein Eimerchen herumzudrehen und es als Hocker zu benutzen und die nicht wollte, daß es den Hocker umkippte und in ein Flugzeug verwandelte. Sie wollte ihm unbedingt beibringen, was man mit diesen Dingen *eigentlich macht*. Natürlich wußte der kleine Junge das längst und hatte irgendwann gar keine Lust mehr zu spielen.

Grundsätzlich benutzen Kinder Spielzeuge mehr oder weniger als Anregung, die ihr Spiel bereichert. Niemals sind Kinder so kreativ wie im Spiel. Es ist wie eine künstlerische Leistung. Im Spiel kann das Kind symbolisieren und damit verarbeiten, was es beschäftigt und was es vielleicht ausdrücken möchte. Ganz wichtig ist, daß es so auch Formen findet, seine zahlreichen, den Eltern oft unverständlichen, Ängste zu bearbeiten. Darum sollten Mütter und Väter in das Spiel nicht steuernd eingreifen. Dagegen wünscht sich das Kind oft, daß sie sich auf seine Phantasieebene begeben.

Auch wenn wir Kindern »richtiges« Spielzeug schenken, sollten wir sie allein ausprobieren lassen, was sie damit alles anstellen können – vielleicht etwas ganz anderes als wir gedacht hatten! Grundregel: Je einfacher ein Spielzeug, desto vielfältiger läßt es sich benutzen und desto leichter kann man es mit anderen Gegenständen zum Spielen kombinieren.

Je teurer und komplizierter ein Spielzeug ist, desto größer ist die Wahrscheinlichkeit, daß es Ärger gibt: einmal, weil die Kinder ihre Eltern mit ihrem so gar nicht dem Preis angemessenen geringen Interesse enttäuschen und sich vielleicht schnell einem viel billigeren oder sogar ganz »wertlosen« Gegenstand zuwenden. Und zweitens, weil sie die kostspieligen Dinge vielleicht ganz anders als vorgesehen handhaben und möglicherweise sogar kaputtmachen. Ausnahmen sind Spielsachen, die teuer verkauft werden, weil sie besonders sicher, kindgerecht, ästhetisch und aus natürlichen Materialien gefertigt sind.

»Warum machen Kinder oft ›Dummheiten‹?«

Zunächst wissen wenige Monate oder ein bis zwei Jahre alte Kinder meist gar nicht, was »Dummheiten« sind. Sie tun etwas, weil es ihnen Spaß macht, weil sie etwas herausfinden oder zu irgendeinem Ziel gelangen möchten. Vielleicht aber auch einfach, weil sie in ihrem angeborenen Temperament so aktiv sind, daß sie sich immer eine Beschäftigung suchen. Manchmal ist das etwas, das uns gar nicht gefällt, das gefährlich ist oder andere stört. Sie sind dann oft einfach nicht zu bremsen.

Wenn sie dabei etwas kaputtmachen, begreifen sie erstaunlich schnell, daß ihre Handlung nicht »gut« war. Sie verstehen es sogar, ohne daß wir es ihnen sagen. Normalerweise passen Kinder sich, ohne daß wir viele Worte machen müssen, den Regeln an, die in ihrem Umfeld gelten. Sie versuchen, sich so zu verhalten, wie sie es bei Mama und Papa erleben. Nur, häufig gelingt ihnen das noch nicht.

Kein Wunder, denn vieles, was Erwachsene tun, ist unverständlich, ja widersprüchlich. Ich rede hier gar nicht von den Eltern, die selber nur mit Aggressivität und im

Pöbelton miteinander umgehen und gleichzeitig von ihrem Kind verlangen, daß es gesittet »danke« und »bitte« sagt. Ich meine die tausend kleinen Situationen, Handlungen und Gegenstände, die für den Erwachsenen ganz selbstverständlich sind, für das Kind jedoch voller ungeklärter Geheimnisse stecken.

Eins machen wir uns dabei gar nicht bewußt: Wir denken, Klein-Lieschen oder -Jan könnten uns doch fragen. Sie wissen aber gar nicht, *wonach* sie fragen sollen oder fragen wollen – falls sie überhaupt schon fragen können. Um einer Sache auf den Grund zu gehen, um zu erfahren, wie und warum sie so »funktioniert«, bleibt meist nur eines: handeln. Das Kind macht also etwas und wartet, was passiert. Manchmal schimpft Mama dann fürchterlich. Häufig wird dadurch alles noch unklarer. In ihrer Aufregung versucht die Mutter oft gar nicht, in Ruhe zu erklären, warum sie eigentlich so ärgerlich ist. Ihr Verbot ist für das Kind nicht eindeutig genug.

Lieschen oder Jan wissen wieder nicht, wonach sie eigentlich fragen sollten. Vielleicht löst sich das Rätsel ja, wenn sie es riskieren, die Sache *noch einmal* zu machen, vielleicht können sie so herausfinden, welche Regeln da für die Erwachsenen gelten.

Für die Eltern sind diese Kinder nun erst recht »böse«, ja verstockt. Sicher wollen sie die Mama nur ärgern. Sie werden bestraft – und erfahren vielleicht erst viel später, wenn sie diesen »Kinderkram« längst vergessen haben, warum. Vielleicht jedoch kommen sie auch nie hinter das Geheimnis, erhalten nie die gewünschte Aufklärung.

Ich möchte diese besondere Variante von »Dummheiten« an einem kleinen Beispiel erläutern, das der amerikanische Entwicklungspsychologe Jerome Kagan schildert.

Stephen, gerade zwei Jahre alt, sitzt zwischen seinen Bauklötzen und schaut der Mutter beim Bügeln zu. Plötzlich steht er auf, rafft einen Stapel säuberlich gefalteter Wäsche, geht ins Badezimmer nebenan und stopft das Ganze kurz entschlossen in die Toilette. Die Mutter, sonst eher geduldig mit dem Kleinen, ist an diesem Tag von der Hitze besonders erschöpft. Außer sich vor Zorn, straft sie ihr Kind heftiger, als sie es zu einer anderen Zeit getan hätte. Der Kleine weint lange, er scheint völlig verstört.

Einige Tage vergehen. Wieder bügelt die Mutter. Wieder packt Stephen ein Wäschepaket, so wie er es gerade tragen kann, und wieder steckt er es in die Toilette. Diesmal läuft er danach selber sofort zur Mutter, so als wolle er seine Strafe in Empfang nehmen. Die junge Frau spürt, daß seine Aktion nichts Boshaftes oder »Ungezogenes« ausdrückte. Er hatte sie ganz bestimmt nicht ärgern wollen und war auch nicht bockig. Die Mutter ist zwar ein bißchen ratlos, aber diesmal straft sie ihren Sohn nicht. Sie erklärt ihm, *warum* ihr sein Verhalten mißfiel. Der Kleine versucht nie wieder, Wäsche ins Klo zu stopfen. Er hat verstanden.

Seine Chance war, daß die Mutter beim zweiten Mal so klug war, ihrer Intuition zu folgen und ihn nicht gleich zu strafen. Statt dessen sprach sie mit ihrem Kind und erklärte ihm, daß Wäsche im Klo schmutzig wird. Das hatte nicht nur zur Folge, daß Stephen die Handlung später nicht wiederholte, sondern daß er aus ihr gelernt hatte. Und das war offenbar sein Ziel gewesen.

Kinder sind ständig damit beschäftigt, die sie umgebende Welt zu begreifen. Aus ihren Beobachtungen leiten sie Regeln und Schemata ab. Sie machen sich – schon von den ersten Lebensmonaten an – ihre eigenen Gedanken und Theorien über das Funktionieren bestimmter Gegenstände und über Handlungszusammenhänge, ja sogar über das, was gut und böse ist. Da ihre Erkenntnisfähigkeit noch sehr begrenzt ist, stimmen ihre Theorien jedoch nicht immer mit der Wirklichkeit oder mit der Bewertung der Erwachsenen überein. In so einem Fall versucht ein Kleinkind wie Stephen herauszufinden, was da nicht stimmt.

Stephen hatte bestimmte Schlüsse aus seinen Beobachtungen der Mutter gezogen. Er hatte gesehen, daß sie mit der Wäsche unglaublich viel anstellte: Zuerst stopfte sie sie in einen Korb, holte sie dann wieder heraus und tat sie in eine rauschende Maschine voller Wasser, wartete eine Weile, nahm sie dann wieder heraus, steckte sie in ein anderes Gerät, wo sie trocken wieder herauskam, faltete sie, bügelte sie, faltete sie wieder. Den Sinn der Reihenfolge hatte der Kleine sicher nicht erfaßt, ebensowenig den Sinn der gesamten Aktion: nämlich, schmutzige Wäsche sauber und glatt zu machen. Er hatte jedoch bemerkt, daß einer der wichtigsten Teile dieses gesamten Geschehens der geheimnisvolle und geräuschvolle Vorgang in der Wassermaschine war, die er jedoch nicht bedienen konnte. Er hatte auch verstanden, daß all das für Mama unheimlich anstrengend war. Und er wollte ihr so gern helfen, wenigstens beim Wichtigsten. Nur leider, seine Hilfe schien mehr als unwillkommen. Was hatte er falsch gemacht?

Der übermäßige Zorn der Mutter ließ ihm keine Ruhe. Natürlich wollte er ihn nicht noch einmal erleben. Aber, wenn eine gute Tat wie seine Hilfe so schreckliche Folgen hatte, dann konnte ihm dies Mißgeschick jederzeit widerfahren. Er mußte einfach herausfinden, was schiefgelaufen war und was genau die Mutter so ärgerlich gemacht hatte. Fragen konnte er noch nicht. Also blieb ihm gar nichts anderes übrig, als das Ganze bei nächster Gelegenheit noch einmal zu wiederholen. Er hatte recht. *Diesmal half ihm die Mutter, den richtigen Zusammenhang zu verstehen.* Er machte überdies die Erfahrung, daß sie ihn nicht einfach sinnlos strafte. Er konnte ihr vertrauen. Seine Welt war wieder in Ordnung.

Die meisten »Dummheiten« machen Kleinkinder, weil ihr Erkenntnisvermögen noch nicht ausreicht, um einen möglichen Schaden oder eine Gefahr abzuschätzen. Andere passieren einfach aus Ungeschicklichkeit. Manchmal jedoch machen sie »Dummheiten«, um uns etwas zu verstehen zu geben. Sie tun es nicht, weil sie bewußt hinterhältige Pläne schmieden, sondern eher, weil sie sich nicht anders zu helfen wissen. Zum Beispiel beobachten viele Eltern, daß ihr etwa vierjähriges Kind irgend etwas Unerlaubtes tut, um sich bestrafen zu lassen. Das er-

scheint uns unglaublich. Es fragt in diesem Zusammenhang oft: »Bin ich böse?«, oder »Bin ich brav?«, oder
auch »Hast du mich lieb?«. Sein Bestreben, herauszufinden, was gut und böse ist, geht soweit, daß es sich manchmal sogar für seine Träume schuldig fühlt.

Nicht zuletzt machen Kinder auch Dummheiten, um
die Eltern herauszufordern, um ihnen mitzuteilen: »Sagt
stopp, setzt uns endlich eine Grenze!« Wenn die Welt
eines Kleinkinds droht, zu chaotisch zu werden, nutzt es
jedes Mittel, um ein Signal zu geben. Je weniger es gehört
wird, desto lauter und heftiger muß es werden. Seine
»Dummheiten« sind eine sehr deutliche Sprache. Nur leider verstehen viele Eltern sie nicht und lassen die Kinder
aus Unsicherheit gewähren. Diese Mütter und Väter wissen nicht zu unterscheiden zwischen Ungeschicklichkeit
oder Forscherdrang und schlichtem Chaos. Dann heißt
es oft: »Der kleine Franz ist ein richtiger Tyrann«, in
Wahrheit ist er ein über die Hilflosigkeit seiner Eltern
verzweifeltes Kind. Er braucht Halt. *Schluß mit einer
Situation machen, energisch stopp oder nein sagen heißt
oft, der auseinanderbrechenden Welt des Kindes noch
rechtzeitig eine Struktur geben. Es findet erneut Sicherheit und erlebt eine Art Erlösung.*

»Warum ist unser Kind so eifersüchtig?«

Es ist eifersüchtig, weil es Sie liebt. Ein erster Grund, dieses Gefühl eines Kindes nicht voreilig als negativ zu bewerten. Ein zweiter Grund: Eifersucht ist normal, sie gehört zur Entwicklung.

Ab wann empfindet ein Kind Eifersucht? Um das herauszufinden, sollte man sich vor Augen führen, daß Gefühle bei jedem Menschen eine Geschichte haben. Die Voraussetzung dafür, daß Eifersucht entsteht und überhaupt einen Sinn bekommt, ist Liebe. Und Liebe ist das Gefühl, in dem eigentlich alle anderen aufgehen. In seiner Urform ist es sicher schon beim Neugeborenen da, zuerst vielleicht mehr als eine Empfindung des Einsseins mit der Mutter.

Was wir als Liebe bezeichnen, kann jedoch erst entstehen, wenn das Baby entdeckt, daß es als einzelnes Wesen existiert. Wenn es merkt, daß es und die Mutter wirklich zwei sind, und wenn es dann zum ersten Mal erlebt, es könnte sie verlieren. Von der zweiten Hälfte des ersten Lebensjahrs an vermag das Kind solche Liebe zu empfinden.

Liebe entwickelt sich aus etwas, das ich als »Bindung« beschrieben habe (siehe Seite 16). Diese Bindung des noch vollkommen auf seine Eltern angewiesenen Babys ist, wie ich bereits erklärt habe, unabhängig von der Qualität der bemutternden Person.

Auch Liebe fragt zunächst nicht danach, ob der andere gut oder schlecht ist. Sie ist bedingungslos, jedenfalls am Anfang. Sie ist dann aber auch sozusagen totalitär. Und jede Form von Entzug wird zu Anfang mit negativen Gefühlen beantwortet, sei es, wenn die Mutter mal aus dem Zimmer geht oder auch länger abwesend ist, sei es, daß sie ihre Aufmerksamkeit nicht ganz dem Kind zuwenden kann, sei es, daß sie sich intensiver mit einer anderen Person beschäftigt.

Wenn Babys in solchen Situationen weinen oder auf andere Weise die Aufmerksamkeit der Mutter zu wecken suchen, geben sie ein »Bindungssignal«. Es heißt ganz am Anfang nichts anderes als: »Bleib bei mir!«

So etwas scheint auch der Antrieb für erste Empfindungen der Eifersucht zu sein. Eifersucht kann nur entstehen, wenn Bindung da ist. Sie ist also Zeichen einer normalen, gesunden Entwicklung des Kindes. Die meisten Mütter empfinden das auch so. Sie beginnen erst, sich Fragen zu stellen, wenn die Eifersucht eines Kindes zum Beispiel auf ein neues Geschwisterkind ihnen Probleme macht, wenn sie nicht wissen, wie sie damit umgehen sollen.

Im ersten Lebensjahr ist ein Baby kaum zur Eifersucht fähig, es ist dann einfach noch nicht »reif« dafür. Aber mit etwa 15 Monaten kann es schon auf eine kleine Schwester oder einen Bruder eifersüchtig sein.

Mütter berichten häufig, daß Babys in diesem Alter und auch später noch mit vielleicht zweieinhalb Jahren sich plötzlich ganz ungewöhnlich verhalten, wenn die Mutter das neue Baby stillt oder füttert. Die erste wirklich heftige Eifersucht dreht sich häufig ums Füttern. Viele Kinder wollen dann wieder ihr Fläschchen. Überhaupt wollen sie wieder ein Baby sein, wenigstens in einigen symbolischen Handlungen. Manche wollen sogar wieder Windeln und fangen an, erneut einzunässen. Es sieht so aus, als sei dem Kind jedes Mittel recht, um die Mutter wieder ganz für sich zurückzugewinnen. Dafür gibt es sogar schwer erworbene Privilegien als »großes Kind« auf.

Eine Mutter erzählte erstaunt, ihr kleiner Sohn habe

furchtbar geweint, als das Baby zum ersten Mal in den Kinderwagen gelegt wurde. Er selber war schon lange zu groß dafür, aber nun wollte er wieder hinein.

Manche versuchen sogar, ihrem kleinen Geschwisterchen weh zu tun oder es zu ersticken. Das kann so aussehen, als umarmten sie es allzu heftig. Ein anfänglich zärtlicher Impuls scheint sich dann plötzlich in Mordlust umzuwandeln.

Viele zeigen sich zunächst erfreut über das neue Baby. Oft haben sie sich die kleine Schwester oder den Bruder sehnlichst gewünscht. Und nun ist plötzlich alles ganz anders, als sie es sich vorgestellt hatten. Sicher haben sie nie daran gedacht, daß sie nun die Mutter teilen müßten.

Nun lieben und hassen sie das Kind gleichzeitig. Mal gewinnt das eine Gefühl, mal das andere die Oberhand. Manchmal gehen beide durcheinander.

Wenn die negativen, vielleicht sogar zerstörerischen Gefühle dem Baby gegenüber zu stark werden, leidet das Kind selber. Es tut ihm leid, die süße kleine Schwester oder das putzige Brüderchen zu hassen. Dann findet es für seine Eifersucht manchmal einen Ausweg, indem es seine »bösen« Gefühle gegen einen Gegenstand, eine Puppe, ein Stofftier oder auch ein Haustier richtet. Sie müssen stellvertretend herhalten, damit das Baby nicht unter der Eifersucht leidet. Mit diesem Verhalten zeigt das ältere Kind ein erstes Verantwortungsgefühl gegenüber dem jüngeren Geschwisterkind.

»Wie sollen wir mit der Eifersucht unseres Kleinkinds umgehen?«

Die meisten Eltern können sich gut in ihre Kinder hineinversetzen. Sie reagieren mit Verständnis, auch wenn sie manchmal über das bösartige Verhalten des eifersüchtigen Kindes erschrocken sind. Sie fühlen intuitiv, daß sie es durch besondere Zärtlichkeit und Aufmerksamkeit entschädigen müssen. Sie lassen es zum Beispiel beim Füttern dicht neben sich sitzen oder nehmen es sogar mit auf den Schoß, auch wenn das manchmal akrobatische Fähigkeiten von ihnen verlangt. Viele Väter sind sehr einfallsreich, wenn es gilt, abzulenken oder verständnisvoll zu sein.

Denn das Kind ist tatsächlich in Schwierigkeiten. Es begreift seine neuen widerstreitenden Empfindungen nicht, und häufig hat es dabei Schuldgefühle gegenüber dem eigentlich doch geliebten kleinen Baby. Darum würden Eltern mit Strafen alles nur noch schlimmer machen. Das Kind müßte in Zukunft seine Gefühle unterdrücken und verbergen. Es hätte dann keine Chance, sie zu einem »guten Ende« weiterzuentwickeln.

Wenn diese Entwicklung jedoch von den Eltern zugelassen und erleichtert wird, indem man ihm erlaubt, seine für alle Familienmitglieder problematischen Gefühle auszuleben, dann sind Eltern vielleicht erstaunt, daß diese frühe Form der Eifersucht oft ganz plötzlich verschwindet. Sie scheint sich in nichts aufgelöst zu haben.

Im Kind hat sich indes etwas verändert. Es versteht seine Welt – die Dinge, Menschen, Handlungen und Gefühle – nach und nach besser. Es hat nun mehrfach *erlebt*, daß ihm die Liebe seiner Mutter und seines Vaters nicht *wirklich* abhanden kommt, wenn das Baby gestillt, gefüttert oder gewindelt wird. Es erfährt, daß Teilen nicht mit Verzicht und Verlust gleichzusetzen ist. Es beginnt zu begreifen: Die Mutter liebt den Vater, sie liebt aber auch ihr großes Kind und sogar noch die kleine Schwester. Und keiner kommt zu kurz. Das heißt also: Liebe kann mehrere Personen einschließen.

Eigentlich handelt es sich hier nicht um Erziehung, sondern um *Erleben*. Wir können unserem Zweijährigen lange erzählen, er habe gar keinen Grund eifersüchtig zu sein. Die Wirkung wäre gleich null. Wir können ihn helfen lassen, die kleine Schwester zu versorgen, das Fläschchen zu halten. Sicher ist er darauf eine Zeitlang stolz, jedoch wird er wahrscheinlich trotzdem immer wieder Wut- und Eifersuchtsanfälle haben. Wir könnten ihn oder sie dafür strafen. Das würde die Eifersucht nur bestätigen. Nun wäre er erst recht ausgestoßen aus der liebevollen Umarmung der Eltern.

All das nützt nichts, wenn das Kind seine wahren »bösen« Gefühle nicht leben und zeigen darf. Natürlich sollen die Eltern ebenfalls ehrlich sein und nicht so tun, als seien sie begeistert über die Attacken ihres Ältesten, und natürlich müssen sie das jüngere Kind schützen. Aber sie können dem älteren zeigen, daß sie verstehen, wie schwer die neue Situation für es ist und daß sie es deshalb nicht weniger lieben.

Allein die wirklich gelebte Erfahrung mit den Eltern, die immer aufs neue liebevoll mit ihrem Ältesten umgehen, vermittelt schließlich die Erkenntnis: Ich muß nicht böse auf das neue Baby sein, und ich muß auch nicht selber wieder ein Baby sein, um geliebt zu werden. Der (oder die) »Große« wird sich nun auch gern wieder daran erinnern, wie lieb Mama mit ihm war, als er oder sie selber noch ein Baby war – wie sie es gebadet und gefüttert, wie sie es immer, auch ohne Worte, verstanden hat, sein Lächeln, sein Weinen, seinen Zorn. Mit diesen guten Erinnerungen und dem neuen Erleben vervollkommnet sich das Bild von den Eltern. Die Sorge, Mamas und Papas Liebe an den »Eindringling« zu verlieren, verflüchtigt sich.

Wie ein Vater ganz intuitiv seinem Sohn helfen kann, in dieser Weise mit seiner Eifersucht fertig zu werden, erlebte ich bei Freunden. Alle ergingen sich in dem Entzücken über das vier Monate alte Baby, während der zehnjährige Bruder sich merkwürdig still abseits hielt. Ich wollte wissen, wie er wohl damals, mit wenigen Monaten, gewesen war, »sicher so ähnlich wie der Kleine«, vermutete ich. Zu meinem Erstaunen antwortete der Vater: »Nein, er war ganz anders, als er klein war«, und fügte hinzu: »Er hatte ja noch keinen großen Bruder.«

Plötzlich sind diese Älteren dann stolz, schon vieles zu können, was das Kleine noch nicht kann. Sie wollen ihm ihre Fähigkeiten zeigen und etwas davon abgeben. Und wenn sie mithelfen, sind ihre Gefühle dabei nicht mehr so zwiespältig wie vorher.

Jetzt wird das Mithelfen wirklich sinnvoll. Das Kind ist nun nämlich reif für einen weiteren Schritt in der Überwindung seiner Eifersucht: Es beginnt, sich in andere hinein, sich an ihre Stelle zu versetzen. Es ist fähig, sich auch einmal an die Stelle der Mutter zu versetzen, die das Baby füttert. Nun hilft ihm das Spielen: Mit einer Puppe kann es erleben, wie es ist, die Mama zu sein. Ebenso kann es das mit anderen Kindern probieren, im »Mutter-und-Kind-Spielen«. Es hat seinen Grund, warum alle Kleinen beiderlei Geschlechts dieses Spiel so lieben. Es gibt ihnen wie alle Rollenspiele die Möglichkeit, in die Haut eines anderen – des Vaters oder der Mutter oder des Babys – zu schlüpfen, ohne sich selber dabei zu verlieren. Sie können in der Mutterrolle zeigen, daß sie liebevoll, großmütig, großzügig, verzeihend sind, das heißt eine Seite herauskehren, auf die sie stolz sein können – ganz positive, »gute« Gefühle. Wenn sie dagegen Schelte und Strafe an ihre imaginären Kinder austeilen, leben sie spielerisch-ungefährlich ihre negativen Empfindungen aus und befreien sich von ihnen.

Wenn ein älteres Geschwisterkind so seine Eifersucht überwindet, hat es gleichzeitig eine für sein Leben wichtige Erfahrung gemacht. Es hat aus der Situation aufs neue gelernt: Meine Eltern sind verläßlich. Ich kann ihre

Liebe nicht verlieren. Was auch passiert, niemand und nichts vermag mich aus ihrem Herzen zu verdrängen. Denn davor hat es letztendlich am meisten Angst.

Ein kleiner Junge seufzte nach der Geburt eines neuen Babys häufig und vergrub dabei sein Gesicht in den Händen. Als ihn der Vater fragte, warum er das täte, sagte er: »Weil ich traurig bin.« Warum er denn so traurig sei, wollte der Vater wissen. Seine Antwort: »Weil ich meine Mama wiederhaben will.«

Hier noch eine Warnung: Viele Eltern meinen, es sei manchmal besser, einem Kind, statt es für irgend etwas zu strafen, anzudrohen, man habe es »dann« nicht mehr lieb. Egal in welcher Situation: Das sollten Eltern niemals tun. Sie verspielen damit das Wichtigste, was sie haben, das Vertrauen des Kindes. Liebe ist nichts, das man je nach Bedarf und Verhalten des anderen an- oder ausknipst. Eltern wissen das eigentlich auch. Sie sagen solche Dinge also wider ihr besseres Wissen. Sie schaden ihrem Kind damit ebenso wie sich selber und der gemeinsamen Beziehung, die ja die Basis ist für alles, was später gelernt und gelebt wird.

»Können wir der Eifersucht unseres Kindes vorbeugen?«

Ein wenig schon, indem Sie es auf besondere Situationen wie die Ankunft eines neuen Geschwisterchens vorbereiten. Sie können dies mit Worten und mit dem gemeinsamen Anschauen von Bilderbüchern zum Thema tun. Besser noch ist es, wenn die Worte wirkliches Miterleben begleiten und erklären. Wenn die schwangere Mutter ihr zweijähriges Kind auf dem Schoß nimmt, kann sie es spüren lassen, daß sich da etwas verändert. Das Kind kann erleben, wie das noch unsichtbare Baby im Bauch der Mutter wächst, größer und dicker wird. Dabei können ihm die Mutter und der Vater mit Worten, aber auch durch ihr liebevolles Verhalten klarmachen, daß sie sich auf das Baby freuen, daß sie es lieben werden, wahrscheinlich genauso wie die große Schwester oder den großen Bruder. So erlebt das ältere Kind schon ein wenig im vorhinein, wie es sein wird, weiterhin sicher aufgehoben zu sein in der Liebe seiner Eltern, wenn da ein anderes kommt.

Ebenso können die Eltern das Kind bereits an den Vorbereitungen für das neue Geschwisterchen teilhaben las-

sen, gemeinsam die ersten Sachen aussuchen, alte Baby-
kleidung in Ordnung bringen, ein Bettchen für den Neuankömmling herrichten. All das gibt Gelegenheit, mit
dem Älteren darüber zu reden, wie er oder sie damals gewesen sind, welche Besonderheiten er oder sie hatte, wie
sich Mama und Papa gefreut haben, als ihr Kind dies oder
das plötzlich konnte – mit dem Löffel essen, Bauklötz-
chen aufeinandertürmen, alleine sitzen, laufen…

So können Eltern ihre freudige Erwartung mit ihrem
Kind wirklich teilen. Und es wird fast von allein verstehen, daß Mama dann mit zwei Kindern genauso lieb sein
muß wie jetzt mit einem. Sie möchte natürlich, daß ihr
das große Kind dabei hilft. Es wird eine wichtige Rolle als
»großer« Bruder oder »große« Schwester spielen.

All diese Dinge machen es dem Kleinkind leichter, die
Dinge vorherzusehen. Es wird nicht so schockartig von
ihnen überrascht, sondern wächst langsam selber in die
neue Situation hinein. Wenn die Zeit gekommen ist, wird
es vielleicht trotzdem noch eifersüchtig sein, aber besser
mit seinen Gefühlen umgehen und sie besser überwinden
können als ein unvorbereitetes Kind.

Kleinkinder erleben Gefühle sehr intensiv, vielleicht
intensiver als wir. Denn sie haben noch keine Strategien
entwickeln können, um mit ihnen zurechtzukommen.
Dazu reichen ihr Erkenntnisvermögen, ihr analytischer
Verstand und auch ihre Vergleichsmöglichkeiten und Erfahrungen noch nicht aus. Darum brauchen sie in wichtigen, sie emotional stark berührenden Situationen unsere vorbereitende Hilfe. Wenn sie von den Ereignissen

und ihren eigenen unverständlichen Gefühlen zu sehr überrascht werden, versuchen sie sich dagegen zu wehren: Diese »bösen« Gefühle wollen sie nicht erleben. Darum verschließen sie sich dann vielleicht, ziehen sich ganz zurück oder werden aggressiv.

Ich habe bei der Antwort auf die vorangegangene Frage bereits erklärt, daß Eltern ihr Kind diese Gefühle ausleben lassen sollten. Es ist wichtig, daß sie selber die Eifersucht ihres Kindes als normal empfinden. So kann das Kind auch seine Gefühlsentwicklung in den dazugehörigen Stadien bis zum Ende gehen. Eltern vermeiden damit, daß dieser Prozeß irgendwann einfach (durch Strafen oder Unterdrücken) abgebrochen wird. Das würde bedeuten, daß das Kind vielleicht sein ganzes Leben lang seine Eifersucht nicht überwinden kann. Später als Erwachsener, der immer auf irgend jemand neidisch oder eifersüchtig ist, wird es gar nicht mehr wissen, warum. Die Erinnerung ist ihm verlorengegangen. Geblieben sind nur die Eifersucht und der Neid.

»Unser Kind lebt dauernd
in einer Phantasiewelt.
Wie können wir es besser verstehen?
Müssen wir uns Sorgen machen?«

Die Phantasien eines Kindes haben viele Funktionen. Sie befreien es vor allem aus seiner Hilflosigkeit und Ohnmacht. Es mag sich selber als mächtige Mickymaus sehen, als einen starken Bären oder als Batman. Damit hält es seine Ängste in Schach. Es schafft sich jedoch auch – seinem wirklichen Erleben entsprechend – Wesen, die es bedrohen: Hexen, Räuber, Monster, Drachen und dazu andere, gute, die mit diesen Bösen den Kampf aufnehmen. Wichtig ist, daß die guten Kräfte siegen. Nicht immer ist das der Fall. Wenn im Kind die Ängste die Oberhand gewinnen, dann kann auch seine Phantasie in ihren Schöpfungen nicht mehr dagegen ankommen.

Eine weitere Funktion der Phantasien ist die Flucht aus einer traurigen oder quälenden Wirklichkeit. Das mag eine Krankheit sein, eine schwierige familiäre Situation, die Trennung der Eltern oder auch ein sehr einengendes soziales Umfeld.

Mit seinen Phantasien setzt das Kind auch nicht verstandene, beunruhigende Erlebnisse um, zum Beispiel aus einem Film im Fernsehen, aufgeschnappte Worte und

Sätze von Erwachsenen, die Beobachtung der Eltern bei sexuellen Handlungen, die eine geheime, bedrohliche Bedeutung zu haben scheinen.

Eine beunruhigende Erfahrung sind für das Kleinkind auch die eigenen heftigen Gefühle, mit denen es noch nicht umgehen kann. Eifersucht zum Beispiel. Ein Kind kann zum Beispiel durchaus den Tod einer ihm nahestehenden Person wünschen, vor allem, wenn es sich bedroht fühlt. Dieser Wunsch kann für es selber so unerträglich sein, daß es sich in die Vorstellung flüchtet, ein böses Ungeheuer zu sein. Es schafft sich dann in seiner Phantasie vielleicht ein gutes, starkes Wesen, irgendeinen Helden, der diesem Ungeheuer widersteht.

Die Phantasie hilft dem Kind, das Unbewältigte zu verarbeiten, ihm eine imaginäre Form zu geben. Denn: Was eine Form hat, was man benennen kann, läßt sich besser kontrollieren, es ist leichter, damit umzugehen.

Für die Eltern öffnet sich manchmal ein Fenster in das Phantasieleben ihres Kindes, wenn sie es beim Spielen beobachten oder in sein Spiel mit einsteigen.

Im Spiel kann das Kind symbolisieren, es setzt seine Phantasien und damit seine psychischen Prozesse in Szene. Nur sollten wir nicht glauben, daß wir *alle* diese Symbolisierungen entziffern könnten. Das Kind selber wird uns oft nicht zu sagen vermögen, warum es dies oder das so oder so spielt. Könnte es das, brauchte es ja das Spiel nicht. Es hat, wie schon erwähnt, außerdem ein Recht, seine geheimnisvolle Welt für sich zu behalten. Wir können die »Seelenarbeit« ohnehin nicht an seiner Stelle tun. Wir helfen ihm jedoch, wenn wir es dabei ernst nehmen und vielleicht mitspielen. Manches wird uns dabei verständlicher. Denn Spiel und in Szene gesetzte Phantasien sind wie alles Verhalten des Kindes auch *Sprache*. Und manchmal will es uns damit etwas mitteilen, das sich nicht anders ausdrücken läßt.

Solange ein Kind seinen Phantasien im Spiel Raum gibt, zeigt es uns, daß es »Herr der Lage ist« – mögen uns seine Inszenierungen auch noch so merkwürdig oder verrückt erscheinen. Sorgen müssen wir uns dagegen machen, wenn seine Phantasien versagen und wenn es nicht mehr spielt. Wenn es dagegen beginnt, rätselhafte Vermeidungsrituale zu entwickeln und sich zurückzuziehen.

»Warum lügen Kinder?«

Du sollst nicht lügen. – Wenn das so einfach wäre!

»Wie nett, Sie zu sehen«, hört Hänschen seine Mama sagen. Er weiß genau, daß sie die Klatschtante von nebenan nicht ausstehen kann und immer versucht, einen Bogen um sie zu machen. »Lügen haben kurze Beine«, hat Opa gesagt. Hänschen beobachtet besorgt die Beine seiner Mutter. Er kann keine Veränderung feststellen. Also hat auch Opa nicht die Wahrheit gesagt. »Ich hol dich heute vom Kindergarten ab«, hat Papa versprochen. Stattdessen kam Mama. »Papa mußte ganz dringend zum Zahnarzt«, erklärt sie. »Papa hat gelogen«, sagt Hänschen vorwurfsvoll. »Wieso?« fragt erstaunt die Mutter. »Er wollte doch kommen, aber er konnte nicht.«

Erwachsene lügen, daß sich die Balken biegen (auch das ist wieder eine Unwahrheit), und finden es offenbar noch nicht einmal schlimm. Oder gibt es verschiedene Wahrheiten? Vielleicht gelten für Erwachsene und Kinder andere Regeln? Wir machen es den Kleinen nicht gerade leicht. Da ist es eher erstaunlich, daß sie meist ganz gut zwischen Lüge und Wahrheit unterscheiden.

Ob und warum ein Kind lügt, ist zunächst einmal von seinem Alter abhängig. Bei einem Kleinkind kann man noch nicht von Lügen sprechen. Es kann noch nicht klar trennen zwischen falsch und richtig, wahr und unwahr, zwischen Phantasie und Realität, zwischen Spiel und Wirklichkeit. Es macht auch keinen Unterschied zwischen ausgesprochenen und unausgesprochenen Gedanken.

Hinzu kommt noch, daß es meint, die Eltern wüßten alles, sie könnten Gedanken lesen. Es kommt überhaupt nicht auf die Idee, die Allmacht der Mutter oder des Vaters oder irgendeines Erwachsenen in Frage zu stellen.

Erst mit etwa vier Jahren, wenn es herausfindet, daß die Eltern gar nicht alles wissen und daß es eine eigene Gedanken- und Phantasiewelt hat, kann es beginnen, etwas für sich zu behalten. Etwas nicht auszusprechen, das es weiß, oder andere auch bewußt in die Irre zu führen. Es erzählt vielleicht eine kleine Begebenheit so, wie sie ihm besser gefällt. Es lügt jedoch nicht.

Mit der üblichen Erklärung der Erwachsenen, lügen sei, nicht die Wahrheit sagen, kann ein Kleinkind nicht viel anfangen. In manchen Situationen weiß es ja gar nicht, was die Wahrheit ist.

Stellen wir uns folgende Szene vor: Peter hat gesehen, wie Mama eine Tafel Schokolade in das oberste Fach im Küchenschrank gelegt hat. Während er draußen spielt, nimmt sie die Schokolade heraus, ißt ein Stück davon, legt sie diesmal jedoch ins unterste Fach. Später fragt Anna ihren Bruder, ob er wüßte, wo Mama die Schokolade hingelegt hat. »Ins oberste Fach«, sagt er. Anna sucht danach und findet sie nicht. Hat Peter gelogen? Seine Absicht war, die Wahrheit zu sagen. Was zählt nun: die Absicht oder die »Wirklichkeit«? – Wir sehen, so einfach ist es gar nicht mit der Unterscheidung von wahr und unwahr, falsch und richtig.

»Warum hast du das kaputtgemacht?« fragt die Mutter drohend. Die dreijährige Lisa schweigt. Sie weiß es einfach nicht. Sie würde lügen, wenn sie eine Antwort gäbe. Sie hatte sich eben mit der Spieluhr beschäftigt, verschiedene Sachen ausprobiert, und bei einem Versuch, damit etwas anzufangen, war sie plötzlich in zwei Teile auseinandergefallen. Nun kann man das Innere sehen. Interessant. »Kaputt« nennt Mama das.

Zwischen vier und fünf Jahren verstehen Kinder schon viel mehr. In diesem Alter finden sie es grundsätzlich eher schlecht, jemanden zu täuschen. Sie verurteilen Lügen sogar viel mehr, als es ältere Kinder tun. Die Kleineren sind sozusagen »Wahrheitsfanatiker«.

Mit etwa elf Jahren hat sich das geändert. Kaum ein Drittel der Kinder hält Lügen dann prinzipiell für schlimm. Es kommt auf die Absicht an. Wenn sie jemanden schützen wollen, ihm etwas Schlimmes ersparen, dann empfinden sie Lügen nicht als verwerflich.

Größere Kinder (ab fünf etwa) wollen mit einer Lüge häufig sich oder andere schützen, vor allem vor den Drohungen und Strafen der Erwachsenen. Diese wollen oft in das Innerste des Kindes schauen, in all seine Geheimnisse eindringen, es sich ganz zu eigen machen, damit zerstören sie oft seine Phantasiewelt. Sie sollten ihm seine kleinen und großen Geheimnisse lassen. Erwachsene könnten ruhig einmal daran denken, daß sie selbst gern gewisse Dinge vor ihren Kindern und anderen Erwachsenen geheimgehalten. Versuchen wir also nicht, unsere Macht zu nutzen, um das Kind völlig transparent zu machen. Sonst drängen wir es geradezu, sich zu verschließen oder gar zu lügen.

Manchmal drückt die Lüge eines Kindes auch eine unbewußte Wahrheit aus, einen Wunsch, den es als Wirklichkeit, als Wahrheit empfindet. Beobachten wir ein Kind beim Spielen, wenn es mit sich allein oder mit seinen Puppen und Tieren oder imaginären Wesen redet. Es lebt dabei wie in der Wirklichkeit. So ähnlich ist es mit den »Lügen«, die geheime Wünsche ausdrücken.

Solche unbewußten Wahrheiten fließen ein, wenn uns ein Kind etwas erzählt. Seine Erzählung ist sozusagen eine künstlerische Schöpfung, in der wir nicht einfach die platte Wiedergabe der Realität suchen sollten.

Seine Erzählung, so wie sie ausgeschmückt ist, wie sie bestimmte Dinge hervorhebt und andere vernachlässigt, sagt uns etwas über die Gedanken und Wünsche unseres Kindes. Wir können es darin besser kennenlernen, als wenn wir es auffordern: »Sag die Wahrheit.« In seiner Schilderung lügt das Kind nicht, es bewegt sich sozusagen auf einem spielerischen Terrain zwischen Wirklichkeit und Phantasie.

In solchen Erlebnisberichten versucht es auch, besser mit der Sprache umzugehen. Sprache lernen heißt lernen, wie man Dinge mit Worten tut, sagt der amerikanische Schriftsteller John Austin. Kinder haben schnell heraus, daß es keineswegs genügt, nur wiederzugeben, »was passiert ist«. Sie verstehen ganz gut, daß die Erwachsenen Tatsachen und Erlebnisse tendenziell berichten. Nicht zuletzt, um gelegentlich familiäre Konflikte zu vermeiden oder sie besser im Griff zu haben.

Ein Kind erkennt schon früh, daß es darauf ankommt, die »richtige« Geschichte zu erzählen und den eigenen Anteil daran in günstigem Licht erscheinen zu lassen. Das hat oft zur Folge, daß man bekommt, was man sich wünscht, erklärt der amerikanische Kindersprachspezialist Jerôme Bruner. *Dafür* sollten wir ein Kind nicht der Lüge bezichtigen. Ist es nicht positiv, daß ein Kind schon so früh die Werte sowie die ethischen und moralischen Spielregeln seiner unmittelbaren Umwelt einschätzen kann?

»*Warum trödelt unser Kind jeden Morgen, wenn wir es eilig haben?*«

Ein Kind ist morgens noch seiner Traumwelt verhaftet und braucht eine Weile, um in die Tagesrealität zurückzukehren. Außerdem erlebt es Zeit und Dauer anders als wir. Seine Zeit ist eine ganz andere als unsere. Manches dauert ihm viel zu lange – zum Beispiel, bis Mama oder Papa es abends aus dem Kindergarten abholt oder bis Weihnachten ist –, und manches geht viel zu schnell – das Aufwachen, Aufstehen, Anziehen, Frühstücken vor allem, wenn Mama weg muß, das heißt, wenn Trennung bevorsteht.

Hinzu kommt, daß auch die Bedeutung, die es Dingen zumißt, eine ganz andere ist, als wir sie für uns empfinden. In seiner kindlichen Welt sind andere Dinge wichtig als in unserer. Wir beugen uns Zwängen, meist im Zusammenhang mit unserem Beruf, die dem Kind nicht einleuchten, die seinem Rhythmus und seinen affektiven Bedürfnissen entgegenstehen.

Manchmal trödelt ein Kleinkind auch, weil es nicht in den Kindergarten möchte. Vielleicht hat es Angst vor irgendwelchen Spielkameraden, vielleicht wird es gehänselt, spielt eine Außenseiterrolle, vielleicht hat noch keine der Kindergärtnerinnen seine Probleme verstanden. Vielleicht aber lauert auch auf dem Weg morgens ein großer Hund, vor dem es Angst hat.

Am wahrscheinlichsten ist, daß es Ihnen mit seiner Trödelei die schlichte Botschaft vermitteln möchte: »Mama, ich möchte noch ein bißchen bei dir bleiben, ohne dich ist der Tag so lang.« Oder: »Mama, du bemerkst mich überhaupt nicht richtig.« Um Eltern auf ein Problem aufmerksam zu machen, ist Kindern fast jedes Mittel recht. Oft ziehen sie sich lieber den Unmut der Mutter zu, schließlich ist er immerhin eine Art von Beachtung, als daß sie es hinnehmen, alles einfach so weiterlaufen zu lassen. Auf einer Skala von »etwas ist nicht in Ordnung« bis »bitte, bitte hilf mir endlich!« oder »ich habe unerträglichen Kummer« drücken kleinere und sogar größere Kinder mit Verhalten wie Trödeln, Sichzurückziehen, nicht mehr Spielen-Wollen, Stehlen und sich die Haare ausreißen, ihre Aggressionen gegen sich und andere – sogar Tiere – aus. Sie zeigen ihre inneren Nöte. Hinter Trödeln, einem vergleichsweise wirklich harmlosen Verhalten, stecken sicher nur mindere Probleme, die leicht zu lösen sind. Man muß sie nur herausfinden.

Kinder trödeln nicht, um zu trödeln. Sie sind zwar unterschiedlich schnell, und manche brauchen tatsächlich zu allem mehr Zeit als andere. Manche »träumen« auch häufig ein bißchen. Immer jedoch sollten Eltern nach der versteckten Botschaft suchen.

Sie werden dem Problem am besten beikommen, wenn Sie es selber verstanden haben. Genau das möchte das Kind ja. Nur kann es sich noch nicht so gut ausdrücken. Darum werden Sie, wenn Sie drängeln oder gar mit Strafe drohen, die gewünschte Wirkung verfehlen. In gewisser Weise zwingen Sie das Kind damit, sein Verhalten ständig aufs neue zu wiederholen. Denn das ist seine etwas hilflose »Sprache«.

Sagen und – wichtiger noch – beweisen Sie Ihrem Kind, daß Sie abends und am Wochenende Zeit für es haben werden. Wenn es merkt, daß es sich darauf verlassen kann, wird es Ihnen leichter entgegenkommen und Sie nicht mehr jeden Morgen zur Verzweiflung treiben. Die meisten Kinder, auch schon Kleinkinder, sind stolz, wenn sie den Eltern gute Partner sein können.

»Wie können wir reagieren, wenn unser Kleinkind ausflippt und trotzt?«

Eltern sollten in jedem Fall reagieren. Denn »nicht beachten« würde bedeuten, das Kind einfach allein zu lassen, wenn es Halt braucht.

Das »Wie« dagegen hängt ganz davon ab, wie die Eltern intuitiv die jeweilige Situation einschätzen. Es hilft ihnen, wenn sie sich in ruhigen, friedlichen Zeiten einige grundsätzliche Gedanken dazu machen. Damit können sie gegebenenfalls besser reagieren.

Zunächst geht es darum, zu verstehen, warum ein Kleinkind häufig in Schwierigkeiten gerät, für die es gar nichts kann. Ich habe schon mehrfach darauf hingewiesen (siehe »Warum kommen wir mit *diesem* Kind überhaupt nicht klar?«), daß allein die Entwicklung des Kindes in diesem Alter phasenweise beträchtliche Widersprüche mit sich bringt: ein sich rasch entfaltender Geist, Neugier, Entdeckungsdrang, die Lust, vieles endlich selber zu tun, die neuen motorischen Fähigkeiten bis zum letzten auszureizen, die Lust darauf, alles mögliche haben und machen zu wollen. Und auf der anderen Seite die noch bescheidenen Fähigkeiten, all dies auszudrücken, ja überhaupt nur genau zu wissen, *was* man eigentlich will, die beschränkten Möglichkeiten, seine Lust auf etwas zu verwirklichen und – nicht zuletzt – die täglichen Anpassungsprobleme in der Familie. Beide Seiten müssen sich ja ununterbrochen abstimmen, oft in ganz gegensätzlichen Bedürfnissen. Hinzu kommt die Entdeckung des eigenen Willens, der Kraft und Macht des Wortes »Nein!«. Das Kleinkind macht davon zu gewissen Zeiten überreichlich Gebrauch.

All das ist notwendig – Eltern wünschen sich nur, daß

es friedlich abliefe. Das ist jedoch auch mit dem nettesten, freundlichsten Kind nicht möglich. *Gelegentlich versagen in Situationen heftiger innerer und äußerer Konflikte alle Mittel, den Eltern etwas klarzumachen. Dann bleibt nur noch, sich schreiend und strampelnd auf den Boden zu werfen. Die letzte Möglichkeit, sich auszudrücken.* Schließlich geht es Erwachsenen manchmal ganz ähnlich.

Solche Krisen sind für Eltern kein Vergnügen. Sie dürfen sie aber durchaus als positiv ansehen: Gelegentlich kräftig auszuflippen, ist wichtig in einer gesunden Entwicklung. Das Kind macht dabei zwei wichtige Erfahrungen. Es gelangt in einen elementaren Kontakt mit seinen eigenen heftigen, ja aufgewühlten Gefühlen. Und es erfährt, daß es damit nicht allein bleiben muß – vorausgesetzt allerdings, *daß die Eltern reagieren und dem Kind in ihren Gefühlen nahe sind.*

Was heißt das? Sie können reagieren, indem sie energisch eine Grenze setzen. Sie können es zur Seite nehmen und ihm entschlossen eindeutig zu verstehen geben, daß jetzt Schluß mit der Flipperei sein muß. Eltern müssen lernen, den Mut zu einem energischen »Nein« zu haben. Oft jedoch verstehen sie schon in der Krise intuitiv, daß ihr Kind einfach eine kleine Hilfestellung braucht – zum Beispiel ganz harmlos, weil ein Spielzeug nicht funktionieren will. Oft muß erst einmal Ruhe einkehren, damit sie begreifen können, was eigentlich los ist. Und sogar wenn sonst geduldige Eltern selber nun die Nerven verlieren und außer sich geraten: Das Kind macht in jedem Fall die Erfahrung, daß die Personen, die es liebt, seine Verzweiflung wahrgenommen haben, daß sie darauf reagieren. Und daß hinterher wieder Frieden möglich ist, daß weder Haß noch Verlust der Eltern, noch ihrer Liebe die Folge ist. Das Kleinkind lernt: Wut und Verzweiflung müssen nicht ins absolute Chaos führen.

Das Kleinkind zieht noch eine andere wichtige Erfahrung aus solchen Krisen: »Ich muß nicht immer perfekt sein.« Der Anspruch, immer alles zum Gefallen der Eltern zu machen, wäre ihm unerträglich, es würde jeden Unternehmungsdrang hemmen. *Entwicklung ohne Risiko, ohne gewisse Grenzen zu überschreiten ist nicht mög-*

lich. Wer früh eine solche – letztlich positive – Erfahrung mit diesem Risiko machen kann, bekommt Mut, im späteren Leben unabhängig, spontan zu handeln und Neues zu entdecken – eine unabdingbare Voraussetzung für eine gute geistige Entwicklung.

»Was tun, wenn wir als Eltern selbst mal die Nerven verlieren?«

Nicht nur Kinder flippen aus, auch Eltern. Auch sie wissen, wie die Kinder, manchmal nicht mehr weiter. Die Gründe mögen andere sein, das Resultat ist ähnlich. Sie verhalten sich in einer keineswegs angemessenen, vernünftigen oder gar überlegten Weise. Von den Ereignissen oder einer besonders nervenzermürbenden Situation überfordert, reagieren sie nur noch *irgendwie,* häufig zu heftig und obendrein manchmal völlig ungerecht. Hinterher schämen sie sich insgeheim, ihnen wird klar, daß sie viel zu weit gegangen sind. Sie haben in ihrer Rage dem Kind vielleicht etwas verboten, das gar nicht sinnvoll ist. Sie haben so heftig gestraft, daß das Kind nicht etwa besser, sondern gar nicht mehr versteht. Es ist fürchterlich verstört von Mamas oder Papas Zorn.

Viele Szenarien sind denkbar. Eltern meinen oft, es widerspräche den Grundsätzen einer konsequenten, eindeutigen Erziehung, hier den eigenen Fehler einzugestehen. Sie denken, sie verscherzen sich damit für die Zukunft den Respekt des Kindes. Intuitiv jedoch würden sie ganz anders handeln, denn die Sache tut ihnen nun entsetzlich leid.

Es gibt in solchen Situationen nichts Besseres, als einfach die Wahrheit, nämlich, »Es tut mir leid«, zu sagen. Mit diesem simplen Satz bringen Eltern die Welt zwischen sich und dem Kind wieder in Ordnung. Sie sollten, wenn möglich, nun versuchen, in Ruhe und in einfachen Worten zu erklären, warum sie so besonders wütend gewesen sind, welche Gründe eine Rolle dabei gespielt haben – ihre Müdigkeit, Eile, die Hitze oder auch Ärger im Beruf.

Die Achtung des Kindes vor der Mutter oder dem Vater wird dadurch nicht geringer, im Gegenteil. Es lernt, daß man seine eigenen Fehler, auch ganz peinliche, eingestehen und in Ordnung bringen kann. Es erfährt, daß die Eltern es lieben, auch wenn sie manchmal sehr böse scheinen. Und es gewinnt noch etwas besonders Wichtiges: Seine Selbstachtung wird »repariert«. Das Kind solcher Eltern muß sich nicht gedemütigt fühlen, es behält seine Würde. Es wird in anderen Situationen dann um so besser begreifen, warum die Eltern gelegentlich unzufrieden mit ihm sind und Verbote aussprechen. Es erfährt, daß das, was die Eltern tun, einen Sinn hat. Es kann darauf vertrauen, auch in schwierigen Situationen.

Es ist sogar wichtig, daß Kleinkinder wieder und wieder Gelegenheit haben, zu erleben, daß auch gewaltige Mißverständnisse oder heftige Kräche in Frieden enden können.

Nebenbei lernt das Kind: Auch Eltern und überhaupt Erwachsene sind nicht perfekt. Ich muß mich also nicht in Grund und Boden schämen, wenn ich selber es mal nicht bin. Mama, Papa und ich können uns gegenseitig verzeihen.

Eltern öffnen sich außerdem mit der Bereitschaft, »es tut mir leid« zu sagen, den Zugang zu einem besseren Verständnis ihres Kindes. Denn das kleine Kind, das etwas »Dummes« getan hat, handelte vielleicht in bester Absicht oder um etwas herauszufinden, das es nicht fragen konnte. Ich habe das im Beispiel mit dem kleinen Stephen (siehe Seite 119) gezeigt. Wenn aber die Mutter unverständlich heftig straft oder schilt, bleibt dem Kind ja eigentlich nichts anderes übrig, als seine Handlung zu wiederholen, wenn es herausfinden will, was es noch nicht verstanden hat.

»Können wir unser Kind zu Mitgefühl erziehen?«

Das Mitgefühl für andere scheint von der Natur »eingeplant« zu sein. Trotzdem braucht es ein gutes Umfeld und entsprechende Erlebnisse, um sich richtig entfalten zu können. Die Familie ist der ideale »Nährboden« dafür. Denn hier erlebt schon das Baby von den ersten Lebensstunden an, was Mitgefühl ist. »Naaa, mein Kleiner, hast du Hunger? Tut dir das Bäuchlein weh? Ach, hast du's aber schwer«, all das sagt die Mutter nicht nur, sie läßt es das Baby auch mit all ihren anderen intuitiven Fähigkeiten spüren: mit Streicheln, Schaukeln, Herumtragen, mit ihrer Mimik und Körpersprache. Das Neugeborene kann dieses Gefühl zwar noch nicht als Mitgefühl »erkennen«, aber es ist ständig von ihm umgeben, seine ganze Kindheit hindurch. Das ist genaugenommen »Erziehung«.

So wie die Menschen in seiner Nähe mit ihm und anderen umgehen – wenn etwas weh tut, wenn man Hunger hat, friert, traurig ist, etwas verloren- oder kaputtgeht, ein geliebter Mensch fehlt, wenn man etwas nicht schafft, Enttäuschung oder gar Demütigung oder Zorn einstecken mußte – so, nach diesem *gelebten* Modell, lernt es auch sich selber verhalten. Daß wir es ihm sagen oder erklären, spielt eine weniger wichtige Rolle.

Mitgefühl, so wie wir es als Erwachsene verstehen, können wir jedoch nicht von Anfang an von einem Baby erwarten. Wie alles andere muß sich dieses Gefühl durch verschiedene Phasen hindurch entwickeln. Es ist auch abhängig davon, wie weit das Kind sonst schon ist. Mitfühlen, das heißt ja, daß da zumindest zwei Menschen sind. Einer, der leidet oder Trost braucht, und ein anderer, der mit-fühlt. Ein Kind muß sich also schon als eigenständiges »Selbst« empfinden, um mit-fühlen zu können. Am Lebensanfang kann es das sicher noch nicht. Es bringt zwar ein gewisses Empfinden von sich mit auf die Welt, erkennt sich aber noch nicht wirklich als von der Mutter getrenntes Wesen. Wir sagen: Es ist noch »eins« mit der Mutter.

Zuerst erlebt es also das Mit-fühlen noch stark als eigenes Fühlen. Wir alle haben schon gehört und gesehen, daß Babys schreien, wenn andere schreien. Das ist sicher noch kein echtes Mitgefühl. Aber später, im zweiten Lebensjahr, wenn ein Kind beginnt, sich einem anderen zuzuwenden, das Kummer oder Schmerzen hat, dann verstehen wir das eher als Mitgefühl oder Mitleid.

Mit zwei Jahren bekommt es immer mehr eine Vorstellung von sich selber – dazu muß es eben schon eine ganze Entwicklung hinter sich haben. Trotzdem begreift ein zweijähriges Kind den Kummer der anderen noch immer in sehr engem Zusammenhang mit seinen eigenen Empfindungen. Es tröstet das andere Kind so, wie es selber gern getröstet werden will. Es holt zum Beispiel seine eigene Mutter, weil es sich vorstellt, daß niemand besseren Trost spenden kann als sie. Oder es bringt sein Lieblingsspielzeug. »Sieh mal, damit tröste ich mich, wenn ich traurig und allein bin. Es wird also auch dich trösten.« So etwa mag es denken.

Mit drei Jahren erreicht das Kind eine neue Fähigkeit: Es paßt sich mit seinem Mitgefühl und seinem Trösten schon mehr den Bedürfnissen eines anderen an. Nun holt es eher die Mutter des traurigen Kindes als seine eigene. Es hat also verstanden, daß sein Spielgefährte etwas anderes braucht als es selber.

Wir sehen an diesen kleinen Beispielen, daß es offenbar mehr auf Erziehung durch Erleben als Erziehung mit Worten ankommt. Natürlich helfen erklärende Worte, wenn das Kind schon mit Sprache umgehen kann.

Später, wenn es noch weiter in seinem Verständnis von sich und der Welt ist und seine Erfahrungen in der Familie und im Kindergarten sich vervollständigen, beginnt es sogar zu begreifen, daß es selber die Ursache für den Kummer eines anderen Kindes oder der Mutter sein kann. Es lernt sein Verhalten darauf abzustimmen, rücksichtsvoll mit anderen umzugehen.

Dies ist ein weiter Entwicklungsweg. Er gelingt nur, wenn das Kind in einem liebevollen Umfeld alle dazu notwendigen Erfahrungen sammeln kann.

Am Mitgefühl zeigt sich deutlich, daß Erziehung in Form von Verhaltensmaßregeln nicht viel wert ist, daß sie dann nichts weiter als Dressur bewirkt. Eine wirkliche Entwicklung des Gefühls wird dadurch nicht gefördert.

Jedes Kind kann und wird Mitgefühl entwickeln, wenn wir ihm die Chance dazu geben.

Register